L'encadrement juridique des cryptoactifs au sein de l'espace UMOA

Logiques Juridiques

Fondée par Gérard Marcou
Dirigée par Thomas Perroud

Le droit n'est pas seulement un savoir, il est d'abord un ensemble de rapports et pratiques que l'on rencontre dans presque toutes les formes de sociétés. C'est pourquoi il a toujours donné lieu à la fois à une littérature de juristes professionnels, produisant le savoir juridique, et à une littérature sur le droit, produite par des philosophes, des sociologues ou des économistes notamment.

Parce que le domaine du droit s'étend sans cesse et rend de plus en plus souvent nécessaire le recours au savoir juridique spécialisé, même dans des matières où il n'avait jadis qu'une importance secondaire, les ouvrages juridiques à caractère professionnel ou pédagogique dominent l'édition, et ils tendent à réduire la recherche en droit à sa seule dimension positive. À l'inverse de cette tendance, la collection « Logiques juridiques » des éditions L'Harmattan est ouverte à toutes les approches du droit. Tout en publiant aussi des ouvrages à vocation professionnelle ou pédagogique, elle se fixe avant tout pour but de contribuer à la publication et à la diffusion des recherches en droit, ainsi qu'au dialogue scientifique sur le droit. Comme son nom l'indique, elle se veut plurielle.

Dernières parutions

Boubacar EL IDE, *Influence du droit international des droits de l'homme sur le droit des investissements. L'économique au détriment du social ?* 2025.
Adolphe KUMBA SHINDANO, *Introduction au droit congolais de la santé*, 2025.
Marcelle BONGRAIN, *Grands-parents, quels droits ?*, 2025.
Patrick MBOYO BAKAMBO, *La représentation des collectivités territoriales*, 2025.
Jean-Louis SABLON, *Violences et autres infractions sexuelles. Le droit de A à Z pour les connaître et les combattre*, 2025.
Vincent BENELBAZ, *Les doctrines du corporatisme : Vichy et les Républiques*, 2025.

Marie-Lyse Dogbeavou

L'encadrement juridique des cryptoactifs au sein de l'espace UMOA

L'Harmattan

5-7, rue de l'École-Polytechnique – 75005 Paris
www.editions-harmattan.fr
ISBN : 978-2-336-48082-4
EAN : 9782336480824

Milton Friedman, prédisait déjà en 1999 que l'Internet jouerait un rôle déterminant dans la réduction de la force des gouvernements, mais pour que cela arrive, il faudrait développer *« une e-monnaie certaine »* et avec elle *« une méthode qui permettrait de transférer sur Internet des fonds de A à B, sans qu'A et B ne se connaissent »*[1]. Prophétie ou vaticination, l'apparition et l'usage depuis quelques années de « *crypto-actifs* », lui donneront raison. Cependant, l'émergence de ces derniers, ainsi que leur mode de fonctionnement totalement indépendant de tout contrôle étatique ou bancaire, oblige dès aujourd'hui le juriste à s'interroger aussi bien sur la nature, le régime, ainsi que les possibilités d'encadrement de ces crypto-actifs. C'est tous ces aspects qui nous emmènent à analyser et envisager dans le cadre de ce travail de recherche : « L'encadrement des crypto-actifs au sein de l'espace UMOA ».

Etymologiquement, la notion de crypto-actif, provient du grec « crypto-», qui désigne ce qui est caché, couvert[2] et du dérivé « actif » qui renvoie à « *un élément identifiable du patrimoine d'une entité ou d'un agent économique (ménage, entreprise, etc.) ayant une valeur*

---

1 *"I think that the Internet is going to be one of the major forces for reducing the role of government. The one*

thing that's missing, but that will soon be developed, is a reliable e-cash - a method whereby on the Internet

you can transfer funds from A to B without A knowing B or B knowing A." V. KROON (A.G.) et VONLANTHEN, (P.), *Banking and Monetary Policy from the Perspective of Austrian Economics*, p.261.

2 BERCY INFO, « Crypto-monnaies, crypto-actifs... Comment s'y retrouver ? », *economie.gouv.fr*

(en ligne), avril 2022.

économique positive »[3]. Ce qui permet de définir au premier abord la notion de crypto-actif comme étant un élément dissimulé dans le patrimoine d'un agent économique et ayant une valeur économique positive. Toutefois cette première définition est insuffisante pour englober la complexité de cette notion. Ce qui fait que jusqu'à ce jour, aucune définition n'ait été unanimement admise, ni par les banques ni par les institutions financières. Par exemple pour la Banque de France, les crypto-actifs seraient« *des actifs virtuels stockés sur un support électronique permettant à une communauté d'utilisateurs les acceptant en paiement, de réaliser des transactions sans avoir à recourir à la monnaie légal*e »[4].Pour le Groupe d'action financière (GAFI)[5] par contre, un crypto-actif est *« une représentation, numérique d'une valeur qui peut être échangée de manière digitale, ou transférée, et qui peut être utilisée à des fins de paiement ou d'investissement* »[6]. Tandis qu'aux yeux du Code monétaire et financier français (CMF), le terme crypto-actif, désignerait plutôt « *Tout instrument contenant sous forme numérique des unités de valeurs non monétaire pouvant être conservées ou transférées dans le but d'acquérir un bien ou un service, mais ne représentant pas de créance sur l'émetteur* »[7]. Les discordes sont aussi accentuées avec les vocables variés utilisés pour désigner ces « valeurs». Tandis que la Banque de France parle de

---

3 Plan comptable général français, Article 211.1.

4BANQUE DE FRANCE., *L'émergence du bitcoin et autres crypto-actifs: enjeux, risques et perspectives*, p.1.

5 LE SAOUT (E). *Introduction aux Marchés Financiers*, p.10.

6 GAFI (2012), *Recommandations du GAFI - Normes internationales sur la lutte contre le blanchiment de*
capitaux et le financement du terrorisme et de la prolifération, p.40.

7 Code monétaire et financier, Article 561-2, France

« crypto-actif, la BCEAO par exemple et certains dictionnaires, ne parlent que de crypto-monnaies. Pour le premier, ces crypto-monnaie sont « *Une monnaie numérique dont le support repose sur un réseau décentralisé d'utilisateurs faisant usage des techniques cryptographiques pour régler les transactions entre pairs sans recourir à une institution financière.* »[8]. Pour les seconds, ces crypto-monnaies sont « *moyen de paiement virtuel utilisable essentiellement sur Internet, s'appuyant sur la cryptographie pour sécuriser les transactions et la création d'unités, et échappant à tout contrôle des régulateurs et des banques centrales. (On dit aussi monnaie cryptographique.)* »[9].

Ces quelques définitions, permettent déjà d'appréhender les « crypto-actifs », comme étant des valeurs pécuniaires, cryptées, qui s'échangent uniquement de manière virtuelle grâce à une technologie de cryptage, connue sous le nom de : blockchain. Cette dernière est la pierre angulaire, du monde des crypto-actifs et peut se définir comme étant « *un registre distribué basé sur une structure de données appelée chaîne de blocs. Les transactions sont stockées dans des blocs qui sont chaînés les uns aux autres d'où le nom de blockchain* »[10]. Des blocs vont découler diverses sous technologie, en l'occurrence les coins et les jetons (ou « tokens »).

Les «*coins*» ou «*altcoins*», sont des unités de valeur qui existent sur une blockchain et qui ont pour finalité primaire de servir de monnaie. C'est pour cela que l'on

---

8 TRINNOU (G.M.), « Les crypto-monnaies : Quel enjeux pour les Banques Centrales », *Les Précis du COFEB*, n°20, novembre 202, p.11.

9 C., *Larousse de poche 2022* [*en ligne*],v° crypto-monnaies.

10 *Ibid*.p.12.

parle par abus de langage de : crypto-monnaie[11]. Ces derniers se répartissent en diverses catégories. L'on trouve les coins à mono usage, c'est-à-dire des coins qui ciblent une communauté d'utilisateurs spécifiques[12], un marché ou des usages précis[13]. On trouve également les crypto-actifs dit « sociaux » tel que le Dogecoin, qui sert à payer des pourboires sur Internet[14] et l'on retrouve aussi les coins qui visent à promouvoir un système d'échange parallèle pour les transactions sur internet, constituant sur le long terme une sérieuse alternative aux monnaies traditionnelles. Ces coins en plus de permettre des achats courants, du e-commerce et même des crédits entre particuliers, offrent à ce jour un système de paiement parfaitement indépendant du contrôle des États et des banques centrales[15]. C'est au sein de cette catégorie que l'on retrouve le fameux bitcoin[16].

Pour ce qui est des jetons ou des « *tokens* », ceux-ci désignent, toutes représentations, de valeurs (préexistantes

11 BARBET-MASSIN (A.),FLEURET (F.),LOURMI (A.),O'RORKE (W.), et PION (C)., *Droit des Crypto-actifs et de la blockchain*,p.100.

12 Par exemple les cryptos uniquement destinés aux jeux en ligne.

13 Les Potcoin, ciblent par exemple le marché du cannabis médicinal légal.

14 JONCHERES (E.), *Encadrement juridique des monnaies numériques : bitcoin et autres*

Cryptomonnaies, Université de Montréal *[en ligne]*, 2015, pp.11-14.

15DREAN (G.), *op.cit.*

16 Le Bitcoin (avec une majuscule) désigne la première blockchain dont la description a été publiée en 2008 sous le nom « Bitcoin : un système de monnaie électronique en pair-à-pair » par un auteur inconnu. Le bitcoin (avec une minuscule) désigne quant à lui l'actif numérique transféré sur la blockchain Bitcoin.
(V. LAKOMSKI-LAGUERRE (O.), et DESMEDT (L.), « L'alternative monétaire Bitcoin : une perspective institutionnaliste », *Revue de la régulation[en ligne],* n°8,2015, p.41.).

dans le monde réel), qui vont être « *tokénisées* »[17], afin de pouvoir s'échanger sur la blockchain et qui bien qu'appelée de manière simplificatrice crypto-monnaies, n'ont pas pour objet premier de leur existence, de servir de monnaie [18] .De plus, à la différence des crypto-monnaies, les jetons n'ont pas leur propre blockchain et donnent droit à ceux qui les détiennent, de participer à l'activité d'une blockchain[19].

Il existe principalement quatre types de jetons. Premièrement, les jetons financiers et d'investissements, encore appelés « *Security tokens* ». Ces derniers sont des jetons qui présentent les mêmes caractéristiques que les instruments financiers et conférèrent à leur détenteur, des droits identiques à ceux-ci (dividendes, intérêts, droit sur une créance, droits politiques…) [20] .Deuxièmement, les jetons utilitaires (ou « *utility tokens* »), qui peuvent être utilisés à des fins commerciales dans un environnement déterminé[21]. Troisièmement, les jetons non fongibles ou « *Non fungible tokens* » (NFT), ces derniers ont pour particularité d'être unique (ce qui les rend non fongibles). Quatrièmement, l'on retrouve les jetons stables ou « *stable coins* », qui sont des crypto-actifs ayant vocation à servir de moyen d'échange pour des transactions exécutées sur la blockchain, tout en palliant au problème de la volatilité

17« Tokeniser » consiste à inscrire un actif et de ses droits sur un jeton afin d'en permettre la gestion et l'échange en pair-à pair sur une blockchain, de façon instantanée et sécurisée. (V. « Comprendre la tokenisation », *Blockchain France [en ligne]*, mai 2018.)

18 BOURGIGNON (S.), «Token, altcoin, cryptomonnaie, quelles différences ? »,*Les Echos Solutions [en ligne]*.

19 LEGEAIS (D.), *Blockchain et actifs numériques*, p.161.

20*Ibid.* p. 367.

21 LUZON (S.), « Quels sont les différents types de jetons cryptographiques ?», *Vivid [en ligne]*.

des crypto actifs , en affichant à tout moment une valeur stable[22].

C'est l'ensemble de ces éléments avec leurs divergences, qui sont réunis sous le vocable de crypto-actifs. Ce qui nous emmène à finalement définir les crypto-actifs comme étant un « *terme neutre et générique qui désigne à la fois les crypto-monnaies et les jetons. Ils sont finalement des actifs numériques ou monnaies virtuelles dont la particularité est de fonctionner avec une blockchain.*[23] ».

Afin, de fournir une étude épurée et suffisamment générale, qui prendra en compte toutes les diversités que pourraient présenter les crypto-actifs, nous analyserons uniquement dans le cadre de ce travail de recherche le bitcoin (en tant que crypto-monnaie de référence) et les jetons utilitaires (comme jetons de référence).

Pour beaucoup, le concept de crypto-actifs parait innovant et même futuriste, pourtant il n'est que l'héritage d'une succession de projets et d'échecs. Déjà, en 1982, David Chaum avait commencé à décrire dans son article « *Blind Signatures for Untraceable Payments* », un système chiffré devant permettre des paiements intraçables, en s'appuyant sur la cryptographie[24]. Il va ensuite tenter de mettre ce système en place en créant le premier système de monnaie électronique anonyme. Néanmoins, ce projet n'aboutira pas[25], mais sera poursuivi quatorze ans plus tard

---

22 DEBONNEUIL (C)., et QUINIOU (M.), *Glossaire Blockchain, op.cit.*, p.38.

23 *Ibid.*p.18.

24 Technique qui empêche les tiers de savoir qui paye, à quel moment et quel montant.

25 JONCHERES (E.), *Encadrement juridique des monnaies numériques : Bitcoin et autres*

Cryptomonnaies, op.cit., pp.11-14.

par Douglas Jackson. Celui-ci, va mettre en circulation la première monnaie non émise par un État, le « *Gold* » (l'ancêtre du bitcoin)[26], qui sera finalement abandonnée. Deux ans plus tard par un cypherpunk[27] du nom de Wei-Dai, qui dans son article « *B-money Proposal* », va décrire : deux protocoles de création, de gestion monétaire, ainsi que de mise en œuvre des contrats pour un groupe de pseudonymes numériques non traçables, le tout sans l'intervention externe d'un tiers de confiance. Il aborde aussi dans son article, l'idée d'un système où tous les participants seraient aussi les gardiens et la mémoire du système, ébauchant vaguement ce qui serait la blockchain.

C'est des années après, que ce processus de fonctionnement, sera repris pour un projet cypherpunk, mené par une (ou plusieurs personnes)[28] répondant au nom

26 « Le Gold est un crypto-actif qui pouvait s'échanger contre une réserve de valeur communément acceptée à travers le monde : l'or. » (V. JOUVE (K.), « De l'e-gold à Bitcoin : zoom sur les projets en Or qui ont inspiré la Cryptomonnaie du Siècle », *Cointribute [en ligne]*).

27 Le terme cypherpunk désigne *« un courant de pensée crypto-anarchiste et les personnes qui y sont affiliées. Ce courant de pensée s'est développé depuis les années 90 avec l'informatisation. L'idéologie cypherpunk repose sur des valeurs comme l'anonymat, l'interaction directe désintermédiée ou encore l'open source.L'approche décentralisée et pair-à-pair de la blockchain en font un outil technologique structurellement adapté aux valeurs et objectifs sociétaux cypherpunks»*. (V. DEBONNEUIL (C)., et QUINIOU (M.), *Glossaire Blockchain, op.cit.*, p.21).

28 Satoshi Nakamoto est le pseudonyme utilisé par la ou les personnes ayant développé la crypto-monnaie Bitcoin. Malgré les efforts des médias pour enquêter et révéler l'identité de ce dernier, il demeure un personnage mystérieux. Sa personnalité réelle étant encore inconnue jusqu'à ce jour. En effet, Satoshi Nakamoto n'a jamais divulgué aucun renseignement personnel, bien que depuis 2012, son profil de la Fondation P2P, le présente comme un homme de 37 ans vivant au Japon, cette identité ne fait pas l'unanimité, plusieurs doutant qu'il soit

de Satoshi Nakamoto. Ce projet sera ensuite publié en 2009 dans un livre blanc, qui explique la création du Bitcoin et son principe d'utilisation. Rapidement, le Bitcoin va commencer à être populaire dans le petit milieu des technophiles[29] de l'époque. Mais, c'est lorsque le développeur américain Lazlo Hanyecz, va commencer à proposer sur les forums, « 10 000 Bitcoins contre deux pizzas », que le Bitcoin va connaître ses premières transactions officielles[30] et prendre son envol. Ce développement exponentiel des crypto-actifs, a été favorisé, par un contexte de crises financières (2007, 2008 et 2012), mais aussi de scandales au sein du monde des finances (Bernard Maddoff, l'Archegos, Pandora Papers…[31]), qui vont créer un sentiment de méfiance des agents économiques à l'égard du système financier mondial et des États. Ces derniers vont être considérés par

---

japonais en raison du fait que son logiciel Bitcoin ne soit ni documenté, ni étiqueté en japonais. Certains pensent que c'est un homme, d'autre une femme. Ou d'autre encore. Mais la majorité, pensent que Satoshi Nakamoto n'est peut-être pas une seule personne, mais serait au contraire un groupe d'individus qui auraient pu conjointement œuvrer au perfectionnement et à la création du code derrière Bitcoin. En effet, grâce à la perfection de son code exceptionnel, Bitcoin continue de prospérer sur le marché des crypto-monnaies. De ce fait un tel niveau de codage, devait obligatoirement nécessiter plus d'une personne, mais toute une équipe de codeurs. (V. LIPUCCIU. « Satoshi Nakamoto, Le Père Fondateur De Bitcoin », *Journal du Coin [en ligne]*)

29 Les « technophiles » sont des personnes souffrants de technophilie, c'est-à-dire d'un fort enthousiasme pour la technique, pouvant aller jusqu'à l'addiction (en particulier pour les techniques les plus récentes telles que les ordinateurs, Internet, les téléphones cellulaires. (V.LEGROS (B.), « Périlleuse technolâtrie.», *Kairos [en ligne]*).

30 JONCHERES (E.), *Encadrement juridique des monnaies numériques : Bitcoin et autres Cryptomonnaies*, *op.cit.*, pp.30-35.

31 PARISIEN (L.), « 1988–2008 : les dix plus grands scandales financiers », *leparisien.fr[en ligne]*.

beaucoup, comme la façade d'un système opaque où la monnaie est aux mains d'une élite financière et politique, corrompue, se souciant peu de l'intérêt général et du bien-être des populations[32]. De ce mécontentement va naître, un désir de changement et de rupture radicale avec ce système organisé, encadré, centralisé, très hiérarchisé qui ne fonctionne que grâce à une minorité au sommet.Tous ces éléments vont pousser les agents économiques à rechercher des alternatives hors de tout contrôle étatique ou bancaire, amenant à l'adoption progressive mais massive des crypto-actifs.

Cette latence dans le processus d'adoption qui explique que pendant plusieurs années, ni les États, ni les institutions bancaires et financières, ne se soient inquiétés des crypto-actifs qu'ils considéraient, comme un simple phénomène de mode, qui disparaitrait rapidement ou du moins resterait confiné à un petit cercle fermé d'utilisateurs. C'est lorsque le bitcoin va atteindre le 19 octobre 2021, le cours record de 67.000 $[33], que ces derniers ont pris conscience, que les crypto-actifs ont depuis bien longtemps, quitté la sphère privée et limitée des cypherpunks, pour interagir directement avec le monde réel.

Aujourd'hui, les crypto-actifs créent la discorde. Tandis que certains les considérent, comme la clé ultime permettant comme le disait Pierre PAPERON, d'ouvrir « *une nouvelle ère pour la finance mondiale, celle de la crypto économie* [34] » dans laquelle « *une technologie*

---

32 JONCHERES (E.), *Encadrement juridique des monnaies numériques : Bitcoin et autres Cryptomonnaies*, *op.cit.*, p.46.

33 BOUCHAUD (B.), « Le bitcoin franchit un nouveau record à plus de 66.000 dollars. », *Les Echos[en ligne]*.

34 EZRATTY (O.), *Rapport du CES 2020*, pp.272-273.

fabriquée d'elle-même, sa propre monnaie.»[35]. D'autres en ont une vision beaucoup plus négative, axée sur les dangers de ce nouvel outil pour les particuliers et pour l'économie en général. Pour eux, la sécurité de la blockchain constitue enjeux majeurs, car sans sécurités la blockchain reste une technologie exposée au piratage. *NiceHash* par exemple, est une plateforme de minage, elle a été piratée pour un montant de 64 millions de dollars[36]. *Coincheck*, une importante bourse d'échange au Japon, a aussi perdu beaucoup de bitcoins. La crypto devise NEM a en effet subi un piratage majeur sur la plateforme japonaise *Coincheck* contrôlée par *Coincheck, Inc*. 523 millions de « jetons » ont été dérobés, pour un montant totalisant environ de 530 millions de dollars[37], touchant environ 260 000 utilisateurs de *Coincheck*. Des plateformes telles que *MTGOX*, ont fait faillite à la suite d'opérations de « hacking » [38] . Outre les risques de piratage, la confidentialité de la blockchain favorise aussi le recyclage de l'argent noir, grâce à l'anonymat qu'elle fournit[39].

---

35 *Idem.*

36 LELIEVRE (A.), « Une plateforme de minage de bitcoins piratée, butin de 64 millions de dollars. », *Les Echos[en ligne].*

37 TRUJILLO (E.), « Cryptomonnaies : le Japon sanctionne Coincheck après le plus gros « braquage virtuel». *LEFIGARO[en ligne].*

38 LATRIBUNE.FR, « Bitcoin : qui est le « Frenchie » Mark Karpelès, patron de MtGox ? », *La Tribune [en ligne].*

39 Comme le soulignait le rapport Landau, les risques d'usage des crypto actifs sont liés au fait que les détenteurs de monnaie virtuelle ne sont pas identifiés et surtout ne sont pas identifiables les clés privées de détention des crypto actifs étant anonymes.

Le rapport Landau, est un rapport remis en juillet 2018 par Jean-Pierre Landau au ministre de l'Economie et des Finances, qui dresse un panorama complet du développement et des potentialités des crypto-monnaies, en examinant les crypto-monnaies les plus

Le continent africain, à travers ses institutions bancaires et financières et ses États, fait aussi les mêmes constats et doit aujourd'hui faire face seul[40] à cette technologie totalement indépendante, créée pour exister et fonctionner sans l'intervention d'un tiers de confiance et sur laquelle ils n'ont aucun contrôle. Ces innovations qui représentent une véritable menace, non seulement pour leur souveraineté, mais aussi pour leur monopole (tout comme le prédisait Milton Friedman), peuvent s'avérer être, avec l'encadrement adéquat, de véritable pilier pour le développement du continent.

Finalement face à ce dilemme et en l'absence de dispositions internationales, les pays d'Afrique doivent tenter de s'adapter et mettre en place individuellement un encadrement. Afin, de reprendre le contrôle de ce nouvel écosystème, de protéger leurs populations mais aussi leurs économies tout en profitant des bénéfices que cette technologie propose.

Toutefois, l'Afrique c'est 30 368 609 km, 61 entités politiques, et plus de cinq types de systèmes juridiques[41] .Cette diversité et les divergences qui vont avec, constituent des obstacles de taille, dans ce processus d'encadrement des crypto-actifs. C'est pour cela que dans le cadre de ce travail de recherche nous proposerons

---

utilisées dont le Bitcoin. (V. LANDAU (J-P.), *LES CRYPTOMONNAIES : Rapport au Ministre de l'Économie et des Finances,* p.1).

40 Les États africains, devront faire face seul à ce phénomène, car aucune politique d'encadrement des crypto-actifs n'a encore été unanimement admise. Chaque pays, doit donc mettre en place une politique en fonction de sa position envers les crypto-actifs, mais surtout de ses ambitions dans le processus de développement de ces crypto-actifs. .

41 POURTIER (R.), « AFRIQUE (Structure et milieu)-Géographie générale », *Encyclopædia Universalis[en ligne].*

uniquement un encadrement au Togo ainsi qu'aux pays membres de l'espace UMOA[42].

Le choix du Togo, est justifié par la place de ce dernier dans le dernier classement de la firme de recherche *Chainalysis,* publié en août 2021, qui portait sur les pays du monde détenant et utilisant le plus de crypto-actifs. Lors de ce classement le Togo (seul pays francophone d'Afrique de l'Ouest dans tout ce classement), occupait la neuvième place juste derrière les États-Unis d'Amérique[43]. Ce qui laisse supposer un usage dynamique des crypto-actifs au sein du territoire togolais.

Pour ce qui est du choix de l'espace UMOA, nonobstant le fait que le Togo soit lui membre de cette espace, il semblait plus intéressant et judicieux de produire un encadrement qui pourrait s'appliquer à une zone fixe, ou des pays partagent une même langue officielle, une même monnaie officielle qui est le franc de la Communauté financière africaine (CFA[44]). La réunion de ces conditions,

---

42 L'Union monétaire ouest-africaine (UEMOA) est une zone monétaire regroupant huit pays d'Afrique de l'Ouest (Bénin, Burkina Faso, Côte d'Ivoire, Guinée-Bissau, Mali, Niger, Sénégal et le Togo.). Elle se caractérise par l'usage d'une monnaie unique le Franc CFA, émise par une banque Centrale commune à ces huit pays : La Banque Centrale des États de l'Afrique de l'Ouest (BCEAO). (V.OUEDRAOGO (O.), *Une monnaie unique pour toute l'Afrique de l'Ouest - le dossier économique,* p.17).

43 KAPKO (F. E.), « Cryptomonnaie : le Togo en tête de la finance décentralisée en Afrique (Chainalysis*) », Agence Ecofin [en ligne*].

44 L'abréviation CFA a signifié, de 1945 à 1958, « Colonies françaises d'Afrique ». Le nom change de 1958 à 1960 pour devenir « Communauté française d'Afrique ». Actuellement, l'abréviation signifie « Communauté financière africaine ». Cette dernière, largement employée dans l'UEMOA, diffère dans l'espace CEMAC, en effet dans cette partie de l'Afrique, le sigle CFA signifie « Coopération financière en Afrique. ».(V. DE GAULLE (F. C.) et OULMONT (P.), *De Gaulle et la décolonisation de l'Afrique subsaharienne*, p.10.).

permettra entre autres de s'appuyer sur les mécanismes et les stratégies mises en place par d'autres espaces communautaires tel que l'Union Européenne, mais aussi de prendre en compte au maximum le caractère transnational des crypto-actifs et de la technologie blockchain.

L'objectif de ce travail de recherche est finalement de repondre à la problematique de savoir : Comment l'adoption des crypto-actifs au sein de l'espace UMOA, devra-t-être mis en place afin d'offrir un cadre de développement optimal aux crypto-actifs, tout en assurant la sécurité juridique des usagers et des États ?

Un tel sujet est intéressant aussi bien de manière théorique que pratique. D'un point de vue théorique, ce travail de recherche, nous permettra de réaliser une rétrospection de nos textes actuels face au phénomène des crypto-actifs. Nous aidant ainsi, à mettre en exergue le caractère inadapté de nos textes actuels, qui ne sont pas préparés à faire face à ces nouvelles technologies qui envahissent le continent.

D'un point de vue pratique, un tel sujet est aussi intéressant car l'utilisation des crypto-actifs en plus de présenter des avantages considérables grâce au système « Peer to Peer[45] » (P2P) sur lequel ils reposent, permet d'envisager une société sans la présence d'intermédiaire, qui existerait et fonctionnerait de façon totalement décentralisée.

L'étude de ce sujet, pourra aussi servir de canevas à la mise en place de ce système P2P, en trouvant des solutions pour amoindrir les effets négatifs des crypto-actifs, tout en

45Le système « Peer to Peer » en français, « Paire à Paire », est une technologie qui permet l'échange direct de données entre ordinateurs reliés à Internet, sans passer par un serveur central. (LAROUSSE (A.), «Définitions : peer-to-peer, peer to peer», *LAROUSSE.fr[en ligne]*).

profitant au maximum des possibilités et opportunités offertes par ces derniers, pour maximiser le développement du continent.

Il faudra néanmoins, pour mettre en place une telle société futuriste, déterminer la nature juridique des crypto-actifs **(PREMIERE PARTIE)**, puis tenter de mettre en place un régime juridique adéquat qui en plus d'encadrer les crypto-actifs, pourrait rendre leurs usages moins dangereux **(SECONDE PARTIE)**.

PARTIE I.

LA NATURE JURIDIQUE DES CRYPTO-ACTIFS

La question de la nature juridique des crypto-actifs demeure la plus importante et la plus difficile à trancher. Considérés par beaucoup comme des «*ovnis juridique* [46]», tenter de les catégoriser, qu'il s'agisse de bitcoins ou de jetons, est perçu à ce jour, par les juristes, comme étant trop dangereux. En effet, comme pour Corinne ERHEL, il est nécessaire avant toute qualification de « *bien comprendre comment cela fonctionne, quels sont les enjeux et les impacts, avant de réguler. Il faut laisser cette technologie se développer* »[47].Bien que cette approche optimiste, prônant une qualification sur le long terme, soit compréhensible et nécessaire, en théorie, la réalité est tout autre.

Dans la pratique, l'évolution rapide et fulgurante des crypto-actifs et la vulgarisation massive de leurs usages par les particuliers, oblige aujourd'hui le législateur à brûler ces étapes et à tenter une qualification immédiate, qui permettrait non seulement la mise en place d'un cadre règlementaire réaliste mais surtout compatible avec nos systèmes actuels, afin d'éviter une révolution brutale, totale et précipitée. Toutefois, avant que cette réglementation ne soit effective, les législateurs doivent répondre à certaines questions, entre autres celle de savoir ce que sont juridiquement les crypto-actifs. Sont-ils une nouvelle forme de monnaie ? Un nouveau moyen de paiement ? Peut-on les rattacher aux catégories juridiques existantes ou faut-il créer une catégorie juridique sui-generis qui leur est propre ?

Pour pouvoir répondre à ces questions, il faut garder à l'esprit que les crypto-actifs ont initialement été conçus comme des monnaies afin de concurrencer les monnaies légales, mais aussi comme des instruments de placement

---

46 LEGEAIS (D.), *Blockchain et actifs numériques*, *op.cit.*, p.187.

47 KOUTCHOUK (A.)et MARTIN (J.), *Rapport de la mission sur la réalité virtuelle et la réalité augmentée*.p.17.

et de financement[48]. Il parait donc judicieux d'analyser premièrement les qualifications qui logiquement s'appliquent à ces crypto-actifs au vu de l'objet final pour lequel ils ont été créés (**CHAPITRE 1**), néanmoins, la logique n'étant pas toujours en symbiose avec les ambitions d'un État et ses réalités, il conviendra de déterminer, dans une seconde partie, les propositions stratégiques envisageables par les États membres de l'espace UMOA (**CHAPITRE 2**).

48 Offre Initiale de Jeton

Chapitre I.

Les qualifications logiques des crypto-actifs

Bien que les explications sur les fonctionnements, vertus ou faiblesses des crypto-actifs, soient de plus en plus nombreuses, rares sont les articles qui se penchent sur la nature juridique de ces derniers[49]. Cette absence de réponse est notamment dûe au fait que les crypto-actifs sont des éléments dont la qualification s'avère compliquée et délicate. En effet, leur nombre en circulation, la polyvalence de leur utilisation mais surtout leur constante évolution, pose un problème quant à l'adéquate qualification à adopter aux risques de devoir constamment changer de qualification. Initialement portées par un courant libertarien, animé par la volonté d'autoriser le règlement de transactions en contournant les banques commerciales et, dans une moindre mesure, les banques centrales, la création des crypto-actifs étaient également motivées par des velléités de contournement des grandes devises établies (dollar, euro…)[50], faisant des crypto-actifs une digitalisation de nos sociétés. Bitcoin, et jetons, sont tous les deux actifs, ayant leurs *alter ego* matériels. Le bitcoin a été créé comme substitut ou alternative à la monnaie, de même que les jetons utilitaires, qui sont une aide à la capitalisation ou au financement de projets pour des startups, des entreprises ou des groupes de développement de projets, et qui se sont développé sur le modèle des instruments financiers.

---

49 LEGEAIS (D.), *Blockchain et actifs numériques*, *op.cit.*, p.190.

50VAUPLANE (H.), « L'analyse juridique du bitcoin », *Association d'Économie Financière [en ligne]*, pp.351-361.

Il serait donc judicieux dans le cadre de ce chapitre d'analyser et de déterminer si le législateur UMOA pourra retenir comme qualification celle de monnaie **(SECTION 1)** ou d'instruments financiers pour les crypto-actifs **(SECTION2)**.

SECTION I. LES CRYPTO-ACTIFS, DES MONNAIES

Invention sociale, remontant aux racines de l'histoire de l'humanité, la monnaie est omniprésente dans la plupart des sociétés, quel que soit leur mode de constitution, d'organisation, qu'elles se soient dotées ou non d'un État [51] .Evoluant successivement au fil des siècles en passant du *« cash, check or charge »* [52] , afin de constamment s'adapter aux besoins et aspirations des sociétés, la monnaie est considérée par Joachim Schacht

---

51 « *Il n'existe pas de société qui ignore la monnaie* ») (V.Caillé (A.), MOREAU DE BELLAING (L.), SPABE (P.),« La dette de vie. Aux origines de la monnaie », *L'Homme et la société [en ligne]*, pp.138-139.).

52 «Aux USA, quand il faut payer, surtout dans les supermarchés, la caissière demandera toujours de manière automatique « cash, check or Charge ?». Il s'agit, pour la caissière, de savoir par lequel de ces trois moyens de paiement le client veut régler ses achats : en billets de banque, avec un chèque, ou par une carte de crédit ? Ce qui est intéressant dans cette question c'est que, l'ordre des possibilités de paiement répète fidèlement l'ordrehistorique, d'apparition de ces différents types d'usages monétaires. Le paiement cash (du mot français « caisse ») reste fidèle à la pratique bien établie du billet de banque. Le paiement check prolonge sous sa forme présente l'innovation anglaise Enfin, le paiement charge, le dernier-né des moyens de paiement, encore en pleine évolution, apparaît dans les années 50 et marque le processus d'électronisation des transactions monétaires, ouvrant l'ère de la monétique.» (V. GOUX (J-J.), « Cash, check or charge ? », *Communications [en ligne*],p.1).

comme « *le miroir de la société* »[53]. Les monnaies, de même que la loi, les langues et la morale, émergent spontanément[54], afin de répondre d'un désir, et/ou à un besoin, que vont ressentir un ensemble d'individus à des moments donnés.

De ce fait, il n'est pas surprenant qu'en ce temps de crise de confiance des populations envers les États et institution bancaire et financière,les crypto-actifs apparaissent pour les usagers, et surtout pour les créateurs de crypto-actifs, comme une nouvelle forme de monnaie. Mais,le sont-ils vraiment ?

C'est ce que nous tenterons de voir dans une première partie en confrontant les crypto-actifs à la notion de monnaie (§1) puis dans une seconde partie nous analyserons l'efficience d'un tel choix pour le législateur UMOA (§2).

§ 1. L'ANALYSE DE LA NATURE MONETAIRE DES CRYPTO-ACTIFS

Bien que nécessaire, tenter de confronter les crypto-actifs à la définition de la monnaie, s'avère être un véritable défi, dans la mesure où aucune définition unanime, universellement reconnue n'a été retenue pour définir la monnaie. Il faudra donc face à ce « *désert*

53 CUSIN (F), « Sociologie de l'argent», *Sociologie du travail [En ligne]*, p.128.

54«*Money does not have to be created legal tender by government. Like law, language and morals it can*

emerge spontaneously.» (V. HAYEK (F. A.), *Denationalisation of Money -The Argument Refined: An*

Analysis ofthe Theory and Practice of Concurrent Currencies, Londres, The Institute Of Economic Affairs

[En ligne], 3eme éd, 1990,p.124.)

définitionnel », présenter, analyser et confronter le concept de crypto-actif aussi bien à l'approche économique, que juridique de la monnaie (A) ainsi qu'au concept moderne et particulier des « quasi-monnaies » (B).

A. Les crypto-actifs, une monnaie légale

Pour les économistes, tel que Raymond BARRE, la monnaie peut se définir comme *« un bien d'échange généralement accepté au sein d'une communauté de paiement.* [55] » servant « *à la fois d'unité de compte, d'intermédiaire dans les échanges et de réserve de valeur*[56]», relevant de la prérogative régalienne des États, qui en ont fait un instrument « *de construction, d'affirmation et d'exercice du pouvoir* [57]». Il faudrait alors que les crypto-actifs, qu'ils soient bitcoins ou jetons, permettent de payer (intermédiaire des échanges), de compter (unité de compte), et qu'ils puissent être stockés (réserve de valeur)[58].

Pour ce qui est de la première condition, il faut qu'en tant qu'intermédiaire des échanges, le crypto-actif permette un développement harmonieux de ceux-ci, en servant de moyen de paiement, accepté, stable et inaltérable. Suivant la seconde condition, il faut que le crypto-actif permette de comparer toutes les marchandises

---

55 BARRE (R.), et TEULON (F.), *Économie politique. Tome 2.* pp. 675-678.

56 LEGEAIS (D.), *Blockchain et actifs numériques, op.cit.*, pp.190-191.

57 BANQUE DE FRANCE., « Le statut juridique de la monnaie unique », *Bulletin De La Banque De*

France, p.23.

58COURBIS (B.), FROMENT (E.) et SERVET (J-M.),« A propos du concept de monnaie », *Cahiers d'économie politique*, p.10.

entre elles, les rendant par conséquent mesurables les unes par rapport aux autres. Enfin, pour ce qui est de la troisième condition, deux critères devront être remplis par les crypto-actifs. D'une part, le crypto-actif doit pouvoir être conservé par son détenteur pendant une longue durée, sans perdre sa valeur, condition qui permet de donner confiance aux agents économiques en la capacité de la monnaie officielle qu'ils utilisent. D'autre part, cette conservation doit se faire en sécurité, notamment contre les vols ou la perte.

En effet, dans le système monétaire actuel, les agents économiques privés de monnaie peuvent réduire considérablement les vols ou la perte en la conservant à la banque sur leur compte.

À la vue de cette définition, nous pouvons d'ores et déjà en déduire que les jetons utilitaires, ne sont en aucun cas des monnaies, car bien qu'ils représentent une valeur, cette dernière n'est utilisable que pour obtenir des services auprès de la société qui les émet. En dehors de ce contexte, ces jetons ne sont d'aucune utilité. En revanche, les crypto-actifs, du type bitcoin, semble plus ou moins répondre aux fonctions économiques de la monnaie. Par rapport à la première condition, le bitcoin est accepté en règlement par une centaine de milliers de sites marchands tels que Dell, Expedia, Microsoft ou PayPal[59]. Néanmoins, son périmètre d'acceptabilité demeure encore extrêmement réduit, de même que son utilisation dans les commerces quotients qui reste plutôt accessoire, car étant accepté par un nombre très marginal de commerces[60]. *De facto*, sa faible utilité en tant que moyen de paiement dans les transactions commerciales, ne permet pas de considérer

59BEITONE (A.), et HEMDANE (E.), « Le bitcoin (BTC) est-il de la monnaie ? » , *Éloge des SES[en ligne].*

60 *Idem.*

le bitcoin comme étant une véritable monnaie. Pour la seconde condition, en raison de la forte volatilité de son prix, lequel varie de manière trop forte, trop fréquente et trop imprévisible, le bitcoin ne permet pas aux vendeurs d'afficher un prix fixe durant une certaine durée. Ce qui finalement crée la confusion chez les acheteurs, qui vont avoir du mal à comparer les prix en bitcoin chez différents vendeurs, et empêche par conséquent au bitcoin d'être totalement considéré comme une unité de compte à part entière[61]. Enfin, pour la troisième condition, les bitcoins peuvent et sont détenus dans des portefeuilles numériques, appelés « *wallet* ». Ces derniers peuvent être sous forme de comptes informatiques (*hot wallet*) ou de disques durs (*cold wallet*). Pour ce qui est de la sécurité de ces portefeuilles, celle-ci présente une difficulté majeure pour le fonctionnement du système bitcoin. En tant que réserve de valeur, le bitcoin fait face à de grands défis en raison d'attaques informatiques, de vols et d'autres problèmes liés à la sécurité[62]. Ensuite, pour ce qui est de la détention de bitcoins (même pendant une courte période), c'est une chose très risqué, ce qui est incompatible avec une monnaie servant comme réserve de valeur et remet en cause la capacité d'une monnaie à fonctionner comme unité de compte[63].

Bien que les crypto-actifs remplissent plus ou moins les trois conditions, les insuffisances relevées pour chacune d'elles, ne permettent pas à ce jour de les considérer économiquement comme des monnaies.

---

61 MEIXING (D.) et SIDIROPOULOS (M.), « Le bitcoin est-il une monnaie ? », *Bulletin de l'Observatoire des Politiques Économiques en Europe[en ligne]*, p.5.

62 *op.cit*, p.2.

63 *Idem.*

Mais qu'en est-il du point de vue juridique de la monnaie ?

Pendant que les économistes sont occupés à décrire le phénomène monétaire, le juriste va plus loin et se préoccupe d'un élément qu'il ne peut en aucun cas mépriser, la loi[64]. En vertu de celle-ci « *la monnaie de la France est l'euro* [65]» et « *L'unité monétaire légale des États membres de l'UMOA est le franc de la Communauté Financière Africaine (FCFA)*»[66]. Ces définitions peuvent être complétées avec *Le Lexique des Termes Juridiques* pour qui la monnaie est « *un instrument légal assurant l'exécution des obligations de sommes d'argent et servant d'étalon de valeur pour l'estimation des biens n'ayant pas d'expression pécuniaire* » [67] .Cette approche est connue sous le nom de « *théorie étatique de la monnaie* ». C'est une théorie, selon laquelle pour définir la monnaie, les juristes doivent toujours veiller à distinguer la monnaie aussi bien de ces supports, que de ces fonctions, mais aussi de sa conception économique[68].

D'après Georg Friedrich KNAPP, la monnaie serait composée de deux éléments indissociables dont l'appellation va varier d'un auteur à un autre, pour certains

---

64 LEGEAIS (D.), *Blockchain et actifs numériques, op.cit.*, p.193.

65 Code monétaire et financier article. L.111-1.

66 *Traite De L'union Monétaire Ouest Africaine du 10 janvier 1994*, révisé le 29 janvier 2003, Article 4.

67 GUILLIEN (R.), GUINCHARD (S.), MONTAGNIER (G.), VINCENT (J.),*Lexique des termes juridiques*, Paris ,Dalloz, 15eme éd,2005,v°monnaie.

68 La Théorie étatique de la monnaie de Georg Friedrich KNAPP, est une théorie selon laquelle, la monnaie est une créature de la loi ; elle est un moyen de paiement ; elle est un jeton, une représentation. (DE BRUNHOFF (S.), « La gestion étatique de la monnaie », *État et Capital. Recherches sur la politique économique[en ligne]*, p.31-50.)

auteurs tel que Rémy LIBCHABER, la monnaie peut être appréhendée comme une unité de valeur et une unité de paiement[69]. Pour ce dernier, l'on reconnaitrait la monnaie par rapport au fait qu'elle soit une unité de paiement, ou une unité de valeur c'est-à-dire qui une unité pouvant servir à éteindre une obligation de nature monétaire, dont le montant a été évalué. Toujours d'après cette théorie, au-delà de la production de la monnaie, c'est aussi l'État qui garantit sa valeur, en imposant son utilisation à travers le cours légal, qui empreigne la monnaie de légitimité et lui confère une « *force libératoire universelle* » au sein de son territoire [70]. C'est cette force libératoire apposée à la monnaie légale qui dispense d'un accord préalable du créancier le paiement qui en fait usage, et expose ce dernier à une sanction pénale dans le cas où il refuserait de l'accepter[71] (on ne peut pas poursuivre un commerçant qui refuse d'accepter le bitcoin comme moyen de paiement). Pour cette dernière raison, les crypto-actifs ne pourraient pas être considérés car, n'étant pas émis par un émetteur qui garantirait sa valeur. Ici, le caractère fondamentalement régalien de la monnaie n'est pas respecté, le bitcoin n'étant rattaché à aucun État. Cette position est soutenue et suivie par beaucoup d'États car, comme l'a remarqué Thierry Bonneau « *les monnaies ne peuvent pas admettre de monnaie concurrente aux leurs. C'est une question de souveraineté* [72] ».

Bien qu'au premier abord, les crypto-actifs ne puissent pas être considérés comme des monnaies, celles-ci ont

---

[69] LIBCHABER(R.), *Recherches sur la monnaie en droit privé*, LGDJ, coll. « Thèse Droit Privé», pp.115-126.

70BEZERRA CORRAL (D.), *L'encadrement des monnaies virtuelles [Mémoire non publié*].p36.

71 Code pénal français Article R.642-3.

72 BEZERRA CORRAL (D.), *op.cit.p.59.*

évolué et se sont diversifiées au fil des siècles, élargissant ainsi le concept de monnaie dans un sens plus large, ce qui permet à ce jour d'englober de nouvelle catégorie de monnaies dites « quasi-monétaires [73]».

B. Les crypto-actifs des « quasi-monnaies »

La catégorie des «quasi-monnaies [74]», renvoie à de potentielles monnaies, qui remplissent les fonctions de la monnaie sans pour autant être investies de cours légal. L'on retrouve au sein de cette catégorie les monnaies électroniques et les monnaies complémentaires.

La monnaie électronique est définie par l'article 1er alinéa 16 de l'Instruction n° 01/2007/RB du 2 juillet 2007 relative la lutte contre le blanchiment de capitaux au sein des organismes financiers de la BCEAO[75], comme étant « *une valeur monétaire représentant une créance sur l'établissement émetteur qui est : Stockée sous une forme électronique, y compris magnétique ;*

- *Émise sans délai contre la remise de fonds d'un montant qui n'est pas inférieur à la valeur monétaire émise ;*

73 SAINT MARC (M.), «Tests sur les définitions de la monnaie et de la quasi-monnaie en France (18101970).», *Revue d'économie Politique[en ligne]*, p.656.

74 SAINT MARC (M.), «Tests sur les définitions de la monnaie et de la quasi-monnaie en France (1810-1970).», *Revue d'économie Politique[en ligne]*, p.656.

75 L'Instruction n° 01/2007/RB du 2 juillet 2007 de Monsieur le Gouverneur relative la lutte contre le blanchiment de capitaux au sein des organismes financiers de la BCEAO.

- *Et acceptée comme moyen de paiement par des personnes physiques ou morales autres que l'établissement émetteur.*[76] »

Pour le législateur français la monnaie électronique est « *une valeur monétaire, stockée sous une forme électronique, magnétique représentant une créance sur l'émetteur, qui est émise contre la remise de fonds aux fins d'opérations de paiement* »[77].

Pour le législateur européen, la monnaie électronique est d'après l'article 2.2 de la Directive 2009/110/CE « *une valeur monétaire qui est stockée sous une forme électronique, y compris magnétique, représentant une créance sur l'émetteur, qui est émise contre la remise de fonds aux fins d'opérations de paiement telles que définies à l'article 4.5 de la directive 2007/64/CE et qui est acceptée par une personne physique ou morale autre que l'émetteur de monnaie électronique* » [78].

Bien que plusieurs éléments de ces définitions semblent décrire à la perfection les crypto-actifs en tant qu'unité de valeur permettant des opérations commerciales sur Internet. Toutefois, une condition récurrente dans ces définitions ne peut être négligée, c'est celle selon laquelle : l'émission de la monnaie électronique est sujette à la remise de fonds, la monnaie électronique fonctionnant sur le principe du prépayé, qui consiste à obtenir des unités électroniques contre des unités monétaires.

---

76 Instruction n°008-05-2015 régissant les conditions et modalités d'exercice des activités des émetteurs de monnaie électronique dans les états membres de l'union monétaire ouest africaine (UMOA), article 1er alinéa 16.

77 Code monétaire et financier, article L.315-1.

78 Directive 2009/110/CE, article 2.2.

Or le bitcoin ne représente pas une créance d'un détenteur sur un émetteur central. De plus, il n'est pas émis contre remise de fonds, puisque résultant du fonctionnement même de l'algorithme du code source. Enfin, ils « *se créent et circulent indépendamment de toute banque et sont détachés de tout compte bancaire ; Il s'agit de monnaies purement privées, sans cours légal, qui ne sont convertibles au pair en aucune monnaie légale et ne bénéficient d'aucun soutien public, direct ou indirect* »[79]. Il ne peut donc être considéré comme une monnaie électronique à part entière.

Pour les jetons utilitaires, la qualification de monnaie électronique ne saurait être retenue dans la mesure où bien que ces jetons représentent une créance des investisseurs sur la société émettrice de ces jetons, et sont émis en échange d'une remise de fond des investisseurs, ils ne sont stockés ni sous une forme électronique, ni sous une forme magnétique et ne constituent pas des « *moyens de paiement par des personnes physiques ou morales autres que l'établissement émetteur.* » De plus, ils ne peuvent être utilisés qu'au sein de cette même société émettrice afin d'accéder aux biens et services fournis par cette dernière.

A défaut d'être des monnaies électroniques pourrait-on associer les crypto-actifs aux monnaies dites alternatives ?

Les monnaies alternatives ou complémentaires, sont une monnaie déployée dans une localité en vue de favoriser les échanges de produits locaux. Elles ont pour objectif de créer un lien communautaire fort au sein d'une région en

---

79 LANDAU (J-P.), *LES CRYPTOMONNAIES : Rapport au Ministre de l'Économie et des Finances*, *op.cit.*,p.35.

permettant aux commerçants et aux clients de payer avec des pièces ou des billets frappés localement[80].

À titre illustratif, la monnaie « *So Nantes !* » est la monnaie locale dématérialisée de l'agglomération nantaise, une unité de cette monnaie complémentaire s'échange contre un euro, c'est donc un simple jeu de substitution entre la monnaie ayant cours légal et ce que l'on pourrait comparer à des billets de Monopoly.

Il n'y a donc ici aucune création monétaire ce qui n'est pas conforme au fonctionnement du bitcoin[81]. De plus, au-delà de l'absence de création monétaire et de représentation fiduciaire, les bitcoin ne sont pas délimités à une ville, ou à une région, sauf à considérer que la planète est leur village. Mais surtout, ils ne donnent pas lieu à une remise de fonds préalable avant d'être émis.

Pour les jetons utilitaires, ils pourraient, dans une certaine mesure, être considérés comme des monnaies complémentaires, utilisées au sein des sociétés, car non seulement, en plus d'être émis au sein d'un espace déterminé, en l'occurrence la société, pour accéder à des biens et services, proposés par la société émettrice, leur émission nécessite une remise de fonds préalables. Ce qui permet de les rapprocher dans une certaine mesure des monnaies complémentaires.

L'absence de certaines conditions pour les monnaies légales ou les « quasi-monnaies » ne décourage pas pour autant certains États d'adopter les crypto-actifs comme des monnaies (exemple du Salvador). Mais un tel choix serait-il judicieux en pour l'espace UMOA ?

---

80 DE VAUPLANE (H.) et CAZAILLET (S.), « Bitcoin : money, money, money », *La lettre juridique[en ligne]*. p.2.

81VAUPLANE (H.), « L'analyse juridique du bitcoin », *Association d'Économie Financière[en ligne]*, p.356.

§ 2. L'INADÉQUATION DE LA QUALIFICATION DE MONNAIE AUX CRYPTO-ACTIFS

Bien que la qualification de monnaie (légale ou « quasi-monnaie ») semble intéressante, elle reste insuffisante à divers niveaux, ce qui pourrait présenter, en cas d'adoption par le législateur UMOA, un choix en inadéquation avec nos systèmes et nos réalités actuelles.

Il faudra envisager cette situation aussi bien dans l'hypothèse où le législateur UMOA déciderait de les adopter en tant que monnaie légale (A) ou bien sous une forme de « quasi-monnaie » (B).

A. Hypothèse d'adoption des crypto-actifs, comme une nouvelle monnaie légale au sein de l'espace UMOA

Aucune législation ne définit précisément la monnaie, autrement que par une affirmation d'autorité[82]. Une telle largesse et une telle incertitude par rapport à ce qui saurait être considéré comme étant une monnaie, offre théoriquement la possibilité au législateur UMOA, de considérer les crypto-actifs comme des monnaies. Cependant cette catégorisation est limitative car elle exclut les jetons de la définition des crypto-actifs, forçant ainsi le législateur UMOA à axer son encadrement uniquement sur le bitcoin.

Maintenant, en pratique adopter le bitcoin comme monnaie légale est dangereux pour la « *stabilité financière, l'intégrité financière et la protection des consommateurs* », a rappelé le Fond Monétaire

82 LAUNAY (V.), « Questions autour de la nature juridique des crypto-actifs », *Central Charts[en ligne].*

International (FMI) au Salvador[83]. En effet, les crypto-actifs tel de type bitcoin remplissent mal les fonctions de moyen d'échange, d'unité de compte et de réserves de valeurs associées à une monnaie. Le bitcoin, par son principe de création et de fonctionnement, ne remplit pas la fonction régulatrice d'une monnaie officielle dans l'économie moderne, ce qui représente un obstacle majeur pour considérer que le bitcoin remplit pleinement le rôle d'une monnaie régulatrice. De plus à cause sa quantité limitée (conformément au principe fixé par ses promoteurs pour attirer des spéculateurs)[84], empêche le bitcoin de jouer pleinement régulateur de l'économie[85]. De plus, l'ascension fulgurante de son cours depuis sa création implique un taux de déflation très important pour les prix des biens et services exprimés en termes de bitcoins. Relâcher la contrainte de limitation de la production de bitcoin, porterait aussi atteinte à l'attractivité du secteur car cela enlèverait tout intérêt spéculatif du bitcoin, conduisant à l'effondrement des désirs de détention exprimés par les spéculateurs et d'autres agents économiques[86].

---

83 Rappelons que ce pays d'Amérique du Sud a adopté cette crypto-monnaie comme monnaie légale au même titre que le dollar américain le 7 septembre 2021, et ce malgré les réticences internationales. (V.FINANCE INVESTISSEMENT., « Le bitcoin comme monnaie légale, une mauvaise idée selon le FMI. », *Finance et* Investissement [en ligne]).

84 MEIXING (D.) et SIDIROPOULOS (M.), « Le bitcoin est-il une monnaie ? », *op.cit.*p.8.

85 SIDIROPOULOS (M.), « Dans quel sens le bitcoin est une monnaie ? », *Ermees[en ligne].*

86 MEIXING (D.) et SIDIROPOULOS (M.), « Le bitcoin est-il une monnaie ? », *op.cit.*p.8.

Outre ces constats, relatifs au bitcoin lui-même, il y a lieu de soulever aussi que nos législations actuelles, notamment en matière monétaire, sont faibles et en retard sur la pratique. Ce qui permet de supposer que face au phénomène bitcoin, nos textes seront insuffisants pour englober toutes la complexité de la notion. Qualifier les crypto-actifs de monnaie n'est pas impossible pour le législateur UMOA, mais nécessitera une refonte totale et profonde de nos systèmes et textes actuels.

B. Hypothèse d'adoption des crypto-actifs, comme « quasi-monnaies » au sein de l'espace UMOA

Au niveau des autres formes de monnaies, le choix de qualifier les crypto-actifs de monnaies électroniques ne doit même pas sembler envisageable pour le législateur UMOA et ceux pour la simple raison que les monnaies électroniques ne sont pas des monnaies en bonne et due forme, mais uniquement une créance du dépositaire sur l'émetteur de ces dernières.

En plus de cet aspect technique, il convient de rappeler que même si le législateur UMOA décidait réellement de considérer les crypto-actifs comme des monnaies électroniques, ce serait un choix terrible, dans la mesure où la régulation actuelle des monnaies électroniques en l'espace UMOA, est encore en cours de création, d'amélioration et d'adaptation. De plus les textes en cours de préparation, sont surtout axés sur l'encadrement de tout ce qui est « *mobile money* [87]» que sur autre chose. Bien

---

87 Le « Mobile Money » est un portefeuille électronique qui permet à son titulaire via les technologies de la téléphonie mobile de transférer de l'argent et/ou du crédit de son compte utilisateur vers celui d'un autre compte qu'il soit abonné au service ou non. Depuis quelque

que la rédaction de ces textes soit en cours, laissant possible un certain nombre d'aménagements, pouvant permettre d'englober les crypto-actifs, la lenteur de l'élaboration de ces derniers textes est un barrage suffisant pour décourager le législateur UMOA de vouloir forcer une telle catégorisation.

Pour ce qui est des monnaies dites alternatives, le choix est possible mais serait peu judicieux. En effet, ces types de quasi-monnaies sont essentiellement créées dans une zone géographique « *limitée, disposant d'une histoire culturelle et spécifique* »[88].Cette qualification peut être intéressante, compte tenu du fait que le Togo par exemple se trouve au sein d'un espace géographique clé. Cela supposerait alors que les crypto-actifs seraient des monnaies clés, propres à cet espace qu'est l'UMOA. Mais, le revers d'une telle qualification, sera que l'usage du bitcoin ou de tout jeton non émis au sein de cet espace spécifique, sera interdit. En effet, ces monnaies fonctionnent en complément d'une monnaie nationale ou communautaire, dans le but de promouvoir le développement local et de privilégier une approche dans les circuits courts des échanges économiques entre acteurs. Ce qui veut dire que l'espace UMOA devra inventer ses propres crypto-actifs en parallèle du Franc CFA et rejettera de facto tout autre type de crypto-actifs, qui n'ont rien à voir avec son économie ou son histoire. En revanche, dans le cas échéant où les pays membres de

temps, ce service permet aussi de payer certaines factures telles que l'abonnement à la télévision payante, la consommation d'eau et d'électricité ou encore les frais d'écolage dans certaines écoles. (V. KENGUE MAYAMOU (P.), et BIDAN (M.), *Africa Positive Impact. Agir pour un meilleur impact sociétal*, Paris, EMS Éditions, 2020,pp. 287-293.).

88TELLER (M.), « Aspects juridiques des monnaies locales », *Revue de droit bancaire et financier [en ligne]*, p.14.

l'UMOA décideraient d'émettre des jetons stables (par exemple le CFA coins), ce dernier pourra être considéré dans une certaine mesure comme étant une monnaie alternative au Franc CFA.

Bien que les qualifications de monnaies semblent incompatibles avec les crypto actifs, d'autres qualifications, plus larges ou plus modernes peuvent être envisagées. A défaut d'être considérés comme étant des monnaies, de nombreux crypto-actifs ont été créés afin de faciliter les transactions et activités financières, à l'instar des jetons. Peut-on donc en déduire que les crypto-actifs sont de potentiels instruments financiers ?

SECTION II. LES CRYPTO-ACTIFS, DES INSTRUMENTS FINANCIERS

Les crypto-actifs sont principalement détenus pour motif d'investissement. En effet, selon un sondage réalisé en novembre 2017 auprès des détenteurs de crypto-actifs, il ressort que, sur 564 citoyens américains interrogés, 8 % seulement ont acquis des bitcoins pour motif d'investissement et non de transaction[89].

Ce qui laisse supposer que les crypto-actifs, sont de potentiels instruments financiers (§ 1), toutefois avant de les adopter il faudra vérifier si une telle qualification est adaptée aux réalités et aux exigences du législateur UMOA (§ 2).

89 LANDAU (J-P.), *op.cit.*, p.120.

§ 1. LES CRYPTO-ACTIFS DE POTENTIELS INSTRUMENTS FINANCIERS

. La notion d'instruments financiers est tout comme la monnaie délicate à saisir, les législateurs étant toujours restés très larges et approximatifs, par rapport à ce qu'ils considéraient comme étant un instrument financier.

En l'absence de définition reconnue il faut savoir qu'il existe des instruments financiers classiques (A) et d'autres plus modernes auxquels il faudra aussi confronter la notion de crypto-actif (B).

A. La perception classique des instruments financiers classiques

Un instrument financier est d'après la BCEAO, un « *contrat créant un actif financier pour une partie et un passif financier ou un instrument de capital pour une autre partie. Les instruments financiers comprennent tant les instruments financiers primaires (ou au comptant) que les instruments dérivés.* [90] ». En France, la notion d'instruments financiers ne fait pas l'objet d'une définition générale par la loi, le législateur se contentant en l'article L 211-1 du Code monétaire et financier, de donner une liste exhaustive de biens ou services, qui pourraient être considérés comme tels.

Le droit français et la BCEAO, divisent la notion d'instrument financier en deux sous-catégories : les titres financiers et les contrats financiers. Les titres financiers (ou valeur mobilière), sont des instruments conférant à leurs titulaires des droits identiques par catégorie et

---

90 BCEAO., *L'alphabet économique-Lexique des principaux termes économiques, monétaires et financiers usités par la BCEAO.*p.21.

donnent accès, directement ou indirectement, à une quotité du capital de l'émetteur ou à un droit de créance sur son patrimoine [91] . Définit par le législateur OHADA en l'article 744 alinéa 2 de l'Acte uniforme relatif au droit des Sociétés Commerciales et du Groupement d'Intérêt Économiques (ci-après AUSCGIE) comme étant « *confèrent des droits identiques par catégorie et donnent accès directement ou indirectement à une quotité du capital de la société émettrice, ou à un droit de créance général sur son patrimoine. Elles sont indivisibles à l'égard de la société émettrice »*[92]. Les titres doivent réunir un certain nombre de conditions notamment celle de la fongibilité, être interchangeables et remplaçables les uns par les autres indifféremment[93], ils doivent ensuite donner un accès direct ou indirect à une quotité du capital de la société émettrice, ou à un droit de créance général sur son patrimoine et enfin ils doivent aussi être indivisibles à l'égard de la société émettrice[94].

En ce qui concerne les contrats financiers (ou instrument financier à terme, contrat à terme), ces derniers sont des contrats qui engagent à vendre ou à acheter des valeurs spécifiques, à une date précise et à un prix déjà fixé. Ces instruments financiers à terme englobent les Bons du Trésor, les certificats de dépôt, les actions, les matières premières, les floors, les caps, les tunnels, les swaps, les indices, les options non listées, les devises, etc. Ils sont négociés de gré à gré, ou sur les marchés à

---

91 BCEAO.*op.cit*.p.43.

92L'Acte Uniforme OHADA révisé, sur les sociétés commerciales, Article 822.

93 PRUSSEN (Y.), « Le Régime Des Titres Et Instruments Fongibles », *Droit bancaire et financier au Luxembourg*, p.1300.

94 NOUVION (F.), « Les valeurs mobilières composées et valeurs mobilières subordonnées », *Penant : Revue trimestrielle de droit africain[en ligne]*, p.230.

terme[95]. Les contrats financiers doivent donc comporter un terme c'est-à-dire une durée. Ils doivent aussi porter, sur toutes sortes de sous-jacents. Par sous-jacent il faut comprendre tout actif financier et paramètre naturel ou humain, économique ou non (statistiques climatiques, mortalité,), dont la seule caractéristique commune est d'avoir une valeur qui évolue au fil du temps[96].

Il ressort de toutes ces définitions que les instruments financiers doivent pouvoir remplir un certain nombre de conditions. Ils doivent pouvoir s'échanger sur des marchés financiers, être émis soit par l'État, soit par une personne morale ou encore par un fonds commun de placement ou un fonds commun de créances [97]. Ces instruments financiers, doivent aussi réunir un certain nombre de caractéristiques, notamment pouvoir être convertis en monnaie le plus rapidement possible et sans subir de perte de valeur (liquidité de l'actifs)[98].Enfin, ils doivent être une source de « risque » [99] tout en offrant une certaine rentabilité[100].

---

95 OMBOLO MENOGA (P.E.), Lexique de droit bancaire : principales définitions en Droit et Économie

Bancaires, *Association lumière du droit/ VAI JURI.*

96 LE SAOUT (E), *Introduction aux Marchés Financiers, op.cit.*, p.30.

97 Code monétaire et financier, Article L 211-1 III.

98 LE SAOUT (E.), *Introduction aux Marchés Financiers, op.cit.*, p.9.

99 *Idem.*

100 « *Tout achat d'un actif financier comportant un risque* », la contrepartie de ce risque assumé, serait que cet actif soit rentable. Par conséquent, plus le risque est élevé, plus l'investisseur exigera un rendement plus élevé. (V. BANQUE HOTTINGUER., « Information Sur Les Risques – « Guide De L'investisseur », *banque –hottinguer [en ligne],* p.3).

Au-delà de ces instruments financiers classiques de nouveaux instruments sont apparus, comme les « biens divers ».

C. Les « biens divers », des instruments financiers à part

Face à la baisse de rentabilité des produits d'épargne dits « traditionnels », de nombreuses sociétés ont décidé à partir des années 80 de dédier leur activité à la vente de produits d'investissement « atypiques », tels que : le diamant, les métaux précieux, les œuvres d'art...[101] Le législateur, soucieux de mettre fin à certains abus qui avaient été constatés concernant l'offre de placement de ces produits particuliers, va décider d'encadrer les opérations de ces sociétés sur des produits nommés : bien divers [102] . Ces derniers encore appelés « produits d'épargnes atypiques [103] », sont considérés aujourd'hui comme la catégorie « fourre-tout » [104] des instruments financiers.

Pour France DRUMMOND, les biens divers sont des produits dont les promesses de rendement sont très

---

101 BANQUE DE FRANCE., « Biens divers : or, diamants, vin... », *Infoservice [en ligne].*

102 LEGEAIS (D.), *Blockchain et actifs numériques, op.cit.*, pp.188 et 218.

103 MACHEFERT (S.) et POULLE (J-B.), « Quelles régulations pour les produits d'épargnes atypiques ? », *La semaine juridique-Entreprise et affaire[en ligne], n°*27, pp.30-34.

104 KESHISHIAN (H.), « Initial Coin Offering (ICO) : selon la SEC l'émission de Tokens peut être soumise à la règlementation financière », *LinkedIn [en ligne].*

attractives mais dont la forte volatilité ainsi que l'absence de liquidité garantie peuvent constituer des dangers[105].

Bien qu'aucun texte ne les définisse ou ne les énumère, il est possible de déterminer par syllogisme, si un bien ou un service peut effectivement être considéré comme tel.

En effet, l'alinéa 2 de l'article L 550-1 du Code monétaire et financier dispose qu'« *II.- Est également un intermédiaire en biens divers toute personne qui propose à un ou plusieurs clients ou clients potentiels d'accueillir des droits sur un ou plusieurs biens, en mettant en avant la possibilité d'un rendement financier direct ou indirect où ayant un effet économique similaire.* »[106]. Il ressort de cette disposition qu'un bien est divers, lorsqu'il donne des droits sur des biens gérés par l'intermédiaire en biens divers et ceux en échange, d'un rendement financier direct, indirect ou assimilé[107]. Au final, il s'agit simplement de tout bien censé se valoriser dans le temps et vendu comme tel, mis en avant pour sa possibilité d'engendrer un profit pour son acquéreur[108], faisant de celui qui s'y livre un intermédiaire de bien divers.

Reste à savoir si la notion de crypto-actif peut être considérée comme un possible instrument financier.

---

105 DRUMMOND F., « Bitcoin du service de paiement au service d'investissement », *Bull. Joly*

Bourse[en ligne], p.249.

106 Code monétaire et financier, article L 550-1 l'alinéa 2

107 BANQUE DE FRANCE., « Biens divers : or, diamants, vin... »,*op.cit.*

108 *Idem.*

§ 2. ENJEUX DE LA NORMALISATION DES CRYPTO ACTIFS EN TANT QU'INSTRUMENTS FINANCIERS.

Pour déterminer les conséquences de la qualification des crypto-actifs en tant qu'instruments financiers en tout genre par le législateur UMOA (B), il faudra s'assurer que ces derniers peuvent effectivement être considérés comme tels (A).

A. Confrontation des crypto-actifs à la conception classique des instruments financiers

La forte attractivité du bitcoin et l'augmentation du nombre de ses utilisateurs, a conduit à la constitution de plates-formes d'échanges permettant la cotation de cet actif. Il faut dire que le flou juridique qui l'entoure est également lié à l'évolution de l'usage qui en est fait par ses utilisateurs. Conçu comme monnaie virtuelle, sa démocratisation a entraîné un phénomène spéculatif incontrôlable [109] . Aujourd'hui le bitcoin n'est pas recherché pour ses caractéristiques de monnaie d'échange mais, bien plus pour ses qualités d'actif spéculatif. L'acquéreur de bitcoins est d'ailleurs qualifié « d'investisseur » et son objectif est principalement de faire du profit sur une cession ultérieure. Il n'est plus que question de faire son marché à l'aide de bitcoins[110]. Ce qui a amené les consommateurs et les investisseurs à l'appréhender comme une réserve de valeur, incitant des

---

109 PERRIN (A.), « Le bitcoin et le droit : problématiques de qualification, enjeux de régulation », *Gestion & Finances Publiques[en ligne]*, p. 85.

110 *Ibid.*p.90.

investisseurs à y placer leur épargne[111]. Néanmoins, le bitcoin n'entre pas pour autant, dans la catégorie des instruments financiers, pour les simples raisons qu'il n'est pas émis par un quelconque émetteur, qu'il ne se négocie pas sur un marché et qu'il ne fait pas l'objet de compensation ou d'appel de marge. Mais surtout parce qu'ils ne sont pas des contrats portant sur des actifs, des droits, des obligations, des indices et des mesures[112].

Pour ce qui est des jetons utilitaires, à l'instar de ceux utilisés pour lever des fonds en crypto-actifs (*Initial Coin Offerings*), ceux-ci ne peuvent pas non plus être considérés comme des instruments financiers. Car, bien qu'émis par des personnes morales, ces jetons ne confèrent à leur propriétaire aucun droit sur la gouvernance des résultats financiers de l'émettrice de jetons et aucune valeur mobilière. Sans oublier que de même que le bitcoin, ils ne se négocient pas sur un marché et ne font pas l'objet de compensation ou d'appel de marge.

Pour ce qui est de la qualification en bien divers, il faut que les crypto-actifs remplissent un certain nombre de conditions. Il faut d'une part, qu'ils promettent un rendement très attractif mais dont la forte volatilité ainsi que l'absence de liquidité garantie peuvent constituer des dangers. D'autre part, il faut que l'acquisition de ce bien, donne des droits sur des biens gérés par l'intermédiaire en biens divers et ceux en échange, d'un rendement financier direct, indirect ou assimilé.

Pour le bitcoin, l'on retrouve effectivement la condition du rendement excessif avec une forte volatilité à laquelle

---

111 ROUSSILLE (M.), « Dossier Bitcoin : Le bitcoin : objet juridique non identifié », *Banque & Droit[en ligne]*.p.29.

112 *Idem.*

s'ajoute une absence totale de liquidité, rendant ce dernier particulièrement dangereux. De plus l'acquisition de bitcoin ne donne pas de droits sur des biens générés par l'intermédiaire de bien divers, droit qui pourrait générer un rendement financier direct ou indirect. Au niveau des jetons utilitaires, ce sont ceux-ci tout comme le bitcoin, promettent un rendement excessif avec une forte volatilité, sans liquidité, ce qui fait qu'en cas d'échec du projet, pour lequel ils ont été émis ils perdent toute valeur. Néanmoins, à l'inverse du bitcoin, les jetons utilitaires, qui sont acquis en l'occurrence lors d'une ICO, confèrent à leurs détenteurs de droits des produits ou services qui seront ultérieurement commercialisés par la société émettrice. Ils s'apparentent ainsi à une vente anticipée, ou à un préfinancement (ici la société donne des droits sur les biens gérés par la société émettrice des jetons, et ce en échange d'un rendement financier, faisant des jetons utilitaires de potentiels bien divers et des plateformes de négociations des intermédiaires en bien divers).

Les crypto-actifs, comme annoncé ci-dessus, ont été créés dans l'optique de servir d'alternatifs, voire de remplacer certains éléments juridiques qui existaient déjà dans nos sociétés. Cependant la technologie innovante sur laquelle ces derniers reposent (la blockchain), ne leur permet de remplir qu'à moitié les conditions d'application de ces catégories, empêchant ainsi la qualification de crypto-actif comme instruments financiers.

Le législateur UMOA peut néanmoins passer outres ces insuffisances et décider de qualifier comme tel. Mais qu'adviendra-t-il si le législateur UMOA décidait de retenir cette qualification ?

B. Hypothèse de l'adoption des crypto-actifs comme instruments financiers par le législateur UMOA

Dans l'hypothèse où le législateur UMOA déciderait de qualifier les crypo-actifs d'instrument financier au sens classique du terme, une telle qualification serait restrictive, car n'englobant aucun type de crypto-actifs. Cette situation risque surtout d'obliger, le législateur UMOA à créer différentes législations pour encadrer chaque type de crypto-actif, comme des instruments financiers. Situation qui entrainera soit la limitation de la circulation et de l'émission de ces crypto-actifs (chose impossible), soit la création constante de nouvelles lois à chaque fois qu'un nouveau crypto-actif va apparaitre.

Il faudra aussi prendre en compte la particularité de la technologie blockchain sur laquelle ces crypto-actifs reposent.

Au niveau du choix de biens divers, ce dernier semble être la qualification la plus avantageuse pour les crypto-actifs car, étant le type d'instruments financiers les moins conditionnés. Néanmoins, l'absence d'un réel encadrement préexistant, obligera le législateur UMOA à créer spécialement au sein de l'espace UMOA la catégorie des biens divers pour les crypto-actifs. Un tel travail prendrait énormément de temps et créerait plutôt un retard sur les pays occidentaux.

Les qualifications de monnaie et d'instrument financier sont intéressantes, mais restent limitées à des types spécifiques de crypto-actifs, ce qui ne correspond pas à la volonté actuelle pour le législateur UMOA, qui doit rechercher avant tout la globalité et la généralité dans la catégorisation de ces « *ovnis juridiques* », et ceux afin de pouvoir encadrer de la façon plus large ces crypto-actifs en constante évolution.

Face à cet éventail de choix, le législateur UMOA doit-il privilégier la logique et rester dans le champ juridique primaire et limité des crypto-actifs, ou au contraire doit-il aller plus loin et qualifier ces derniers en prenant en compte les réalités, et les particularités de son espace et adopter des qualifications plus générales voire totalement innovantes ?

Chapitre II.

La qualification stratégique des crypto-actifs

Le législateur UMOA, ainsi que ses divers organes, ont depuis toujours tenu une position, plus ou moins hostile envers les crypto-actifs, leur refusant toute existence, et se contentant de les interdire implicitement. Pour Tiemoko MEYLIET.KONE, gouverneur de la BCEAO, « *Une monnaie a obligatoirement, à un moment, une contrepartie et, cette contrepartie, il y a quelqu'un qui la garantit. Si ce n'est pas le cas, ce n'est pas quelque chose de contrôlable et nous ne pouvons donc pas la conseiller à nos populations* » [113]. Justifiant ainsi l'absence de communiqué de l'UMOA et la BCEAO sur la question.

Néanmoins le contexte actuel, ne permet plus aux pays membre et au législateur UMOA, de stagner et de camper sur leur position de rejet des crypto-actifs. Aujourd'hui, les crypto-actifs sont partout et affectent tous les domaines aussi bien bancaires que financiers. Se contenter de les interdire, sans prendre des mesures concrètes reviendrait à condamner l'Afrique de l'Ouest, non seulement à une crise importante mais surtout à creuser encore plus le gouffre de développement qui existe déjà entre eux et le reste du monde en matière bancaire et financière.

113 WADE (A.), « Tiemoko Meyliet Koné, gouverneur de la BCEAO : « le Bitcoin ? Non merci » », *Financial Afrik [en ligne].*

Des mesures effectives doivent donc être prises, aussi bien dans l'intérêt de l'espace que de pays membres. Car, en l'absence de réelles initiatives sur le plan international pour encadrer les crypto-actifs, les différentes autorités nationales, ont tenté chacune à leur niveau d'encadrer les crypto-actif afin de se protéger, mais surtout de protéger leurs économies et leurs consommateurs. Aujourd'hui, les États du monde ont adopté des qualifications, diverses et stratégiques en prenant en compte leurs réalités, leurs ambitions ou encore le rôle qu'ils souhaiteraient jouer dans l'expansion de cette nouvelle technologie.

C'est pour cela que nous analyserons dans une première partie, à titre d'exemple les différentes positions des législateurs du monde **(SECTION 1)** puis dans une seconde partie, nous tenterons de déduire la qualification, qui serait judicieuse de retenir afin de faciliter l'encadrement des crypto-actifs au sein de l'espace UMOA **(SECTION 2)**.

SECTION I. LA QUALIFICATION DES CRYPTO-ACTIFS, UN PROBLÈME INTERNATIONAL

Si la majorité des pays n'ont pas encore tranché le débat sur la catégorie juridique à laquelle doivent appartenir les crypto-actifs, certains l'ont fait dans le but de mieux les réguler, quand bien même les catégories utilisées ne recouvrent pas parfaitement la réalité des crypto-actifs. Tandis que certains pays restent assez méfiants à l'égard des crypto-actifs, préférant adopter des qualifications plus ou moins approximatives (§1) d'autres ont décidé de se lancer en consacrant une qualification sus-generis propre aux crypto-actifs (§2).

§ 1. LES DIVERSES QUALIFICATIONS DES CRYPTO-ACTIFS, REFLEXION EN DROIT COMPARE

Bien que le phénomène des crypto-actifs, soit nouveau et problématique pour chaque État, chacun d'eux tente en l'absence de directives ou règlementations internationales, de trouver des solutions à son niveau mais surtout en fonction de ses objectifs stratégiques en veillant à faire une distinction bien précise entre les crypto-actifs de type bitcoin (A) et ceux de type jeton (B).

A. La qualification des bitcoins, en droit comparé

Différentes qualifications ont été données au bitcoin dans le monde. En Asie, avec la Chine par exemple, la banque centrale chinoise[114] a qualifié les crypto-actifs tel que le bitcoin d'une « *commodité virtuelle* » ou « *crypto produit* » [115]. Le bitcoin est donc en Chine un actif échangeable ou fongible qui peut représenter une marchandise utilitaire, ou un contrat dans le monde réel-ou virtuel à travers des jetons exclusifs sur un réseau blockchain[116].

Par cette définition, le législateur chinois, refuse toute nature monétaire à laquelle le bitcoin pourrait prétendre. En conséquence, les autorités chinoises ont ordonné la fermeture des plateformes d'échange et interdit aux établissements financiers d'utiliser ces monnaies pour tout

---

114 FA (Y.), « Notice on Precautions Against the Risks of Bitcoins »,*banque centrale chinoise, [en ligne].*

115 *Idem.*

116FRANKENFIELD (J.), « Crypto Commodity», *Investopedia [en ligne].*

type de transaction. La même interdiction n'est cependant pas imposée aux particuliers détenteurs de bitcoins, qui peuvent les échanger comme ils feraient avec un autre bien dans son patrimoine[117].

D'autres pays sont plus ouverts à l'innovation. C'est le cas par exemple de l'Allemagne qui définit dans la Loi d'exécution de la directive modificatrice de la quatrième directive européenne sur la lutte contre le blanchiment de capitaux, les crypto-actifs comme étant des « *représentations numériques de valeur, qui ne sont pas garanties par une banque centrale/autorité publique et qui ne respectent pas le statut de monnaie. Toutefois, en raison d'un accord ou d'une pratique normale, les personnes physiques ou morales peuvent les accepter comme moyen d'échange ou de paiement ou elles peuvent aussi servir à des fins d'investissement pouvant être transférées, stockées ou négociées numériquement*». Cette disposition qualifie, les crypto-actifs de monnaie de substitution, les renvoyant ainsi à la catégorie des quasi-monnaies, c'est-à-dire des monnaies en circulation, mais qui ne dispose pas pour autant d'un cours légal[118].

Aux États-Unis d'Amérique, indépendamment de chaque approche, propre à chacun des États, les bitcoins et autres crypto-actifs sont perçus comme étant un investissement et donc comme de potentiels instruments financiers[119] .

Mais *quid* alors des jetons ?

---

117 *Idem.*

118 « Germany's Cryptocurrency Regulations », *Coinfirm [en ligne].*

119 « USA Cryptocurrency Regulations », *Coinfirm [en ligne].*

B. La qualification des jetons, en droit comparé

Au niveau des jetons, de même que pour les crypto-actifs, chaque Etat a sa propre grille d'analyse et sa propre conception, ce qui fait que plusieurs approches peuvent être observées. La première tentative est d'assimiler ces jetons ou la majorité d'entre eux aux titres financiers pour les soumettre à la législation contraignante et protectrice du marché et des investisseurs. Il faut citer comme premier exemple les États-Unis et le Canada. Qui comme la majorité des États ont décidé de traiter les jetons comme étant des jetons de type sécuritaires, soumettant ces derniers aux régimes juridiques des titres financiers. Les États-Unis d'Amérique vont plus loin, en adoptant le « *test Howey* »[120], lequel fait référence à l'affaire *SEC c. WJ Howey Co.*, qui a atteint la Cour suprême en 1946 et qui a permis de déterminer si une transaction devait être considérée ou pas comme un « *contrat d'investissement* » et serait donc considérée comme un titre et soumise aux exigences des titres et valeurs mobilières. La Cour va considérer comme un contrat d'investissement (donc une vente d'actions) tout ce qui implique un investissement d'argent, dans une entreprise « normale », avec une expectation de profits dérivés de la gestion d'entreprise[121].

Au Canada les autorités relèvent que les ICO's et les jetons utilitaires qui sont émis au cours de cet évènement, appartiennent à la catégorie des contrats d'investissement[122], ce qui implique leur soumission au

---

120 SEC v. W.J. Howey Co., 328 U.S. 293 (1946).

121 LUCAS (E.), « Le test de howey : l'outil de régulation de la sec américaine », *Journal du Coin[en ligne].*

122 ROUSSEAU (S.), « La règlementation des émissions de crypto monnaies au Canada : la protection des Investisseurs et le bon

droit des valeurs mobilières et ce qui permet la protection des investisseurs[123].

Enfin, certains États sont allés plus loin, allant jusqu'à consacrer, par la loi une qualification sus-generis, *ad hoc* propre aux crypto-actifs.

§ 2. Les crypto-actifs, des actifs numeriques consacrés par la loi PACTE

Sans attendre un texte européen ou international qui sera difficile à rédiger, le législateur français a pris position dans le cadre de la loi n° 2019-486 du 22 mai 2019 relative à la croissance et la transformation des entreprises, dite loi « PACTE », modifiant l'article L. 552-2 du Code monétaire et financier la loi PACTE, devenue l'article L.54-10-1, 2° du Code monétaire et financier.

Il nous faudra donc déterminer ce que le législateur français a voulu entendre par le terme « actif numériques » (A) avant de confronter cette définition aux crypto-actifs, afin de vérifier si effectivement, cette qualification ad-hoc est suffisamment large pour s'adapter à tous types de crypto-actifs (B).

---

fonctionnement du marché dans le bac à sable règlementaire. », *Revue internationale des services financiers [en ligne]*, p.15-22p.

123 Le contrat d'investissement est celui par lequel une personne s'engage dans l'espérance du bénéfice qu'on lui fait entrevoir, à participer aux risques d'une affaire par la voie d'un apport ou d'un prêt quelconque sans posséder les connaissances requises pour la marche de l'affaire ou sans obtenir le droit de participer directement aux décisions concernant la marche de l'affaire. (V. GUINDO (I.), « Les clauses protectrices du contrat d'investissement. », *Village de la justice[en ligne]*).

A. La conception d'actifs numériques aux yeux du législateur français

A l'origine, le législateur français, ne définissait que les jetons, en l'article L 552-2 du Code monétaire et financier, lequel prévoyait que « *constitue un jeton tout bien incorporel représentant, sous forme numérique, un ou plusieurs droits pouvant être émis, inscrits, conservés ou transférés au moyen d'un dispositif d'enregistrement électronique partagé permettant d'identifier, directement ou indirectement, le propriétaire dudit bien* [124] ».Cette définition claire et concise des jetons, ne permettait pas de prendre en compte les autres types de crypto-actifs tels que ceux de type bitcoin. Pour y remédier le législateur français va par la loi PACTE, élargir et consacrer une catégorie totalement nouvelle, qui permettrait d'englober aussi bien les jetons que tous les crypto-actifs existants, c'est la catégorie : des actifs numériques.

Ces derniers sont définis à L.54-10-1,2° du Code monétaire et financier, comme étant « *Toute représentation numérique d'une valeur qui n'est pas émise ou garantie par une banque centrale ou par une autorité publique, qui n'est pas nécessairement attachés à une monnaie ayant cours légal et qui ne possède pas le statut juridique d'une monnaie mais qui est acceptée par des personnes physiques ou morales comme un moyen d'échange et qui peut être transférée, stockée ou échangée électroniquement.* [125] ».

Bien que ces définitions permettent de distinguer trois grands types de crypto-actifs selon leur usage potentiel, à savoir comme moyen d'échange à l'instar des premiers

124 Code monétaire et financier, Article L 552-2.

125 Code monétaire et financier, Article L.54-10-1,2°.

crypto-actifs développés, ce qui englobe les crypto-actifs de type bitcoin, mais aussi les nouveaux crypto-actifs ;comme moyen de paiement, adossés à une ou plusieurs devises, ici c'est le cas des jetons stables mais aussi des crypto-actifs utilisés sous forme de jetons pour permettre une représentation numérique, à l'instar des jetons utilitaires ; et enfin, les crypto-actifs en tant que représentation numérique des instruments financiers, qui représentent sur la blockchain des actifs financiers classiques, ici on fait notamment allusion aux jetons sécuritaires [126]. Les régulateurs au niveau européen et national ainsi que les auteurs, dans la littérature juridique, économique et technique ont identifié un certain nombre de caractéristiques numériques communes, à tous les actifs numériques, auxquels il conviendrait de confronter bitcoin et jetons[127].

Pour que jetons et bitcoins puissent être considérés comme des actifs numériques, ils doivent au-delà des quelques éléments énumérés à l'article L.54-10-1,2° du CMF, représenter une dette et donner droit à des flux de trésorerie déterminés provenant des activités économiques de l'émetteur, bien que cette condition puisse être difficile à déterminer pour le bitcoin, elle s'applique parfaitement aux jetons. En effet, dans le cadre des jetons utilitaires, le détenteur de ces jetons est créancier, d'un bien ou d'un service envers la société émettrice de ce dernier.

Les crypto-actifs, ne doivent pas donner droit qu'à une propriété partielle sur un produit (copropriété).Toutefois c'est ce qu'il se passe pour tous les crypto-actifs. En effet rappelons, que peu importe que l'on soit face à un jeton ou

---

126 TRACFIN., « La lettre d'information sur les prestataires de services sur actifs numériques »,*Tracfin [en ligne]*, p.10.
127 LHOFT. A Guide Through the Common Features of Digital Asset Generating Events, pp.12-15.

face à un bitcoin, il existe des clés privées et publiques sur lesquels ces derniers reposent. Ce qui explique par exemple que dans le cas de l'émission de jetons, le détenteur de ces derniers ne détienne qu'une partie du jeton en l'occurrence la clé publique tandis que la société émettrice en conserve la clé privée. De même pour le bitcoin, il existe une clé privée et une clé publique, la clé privée appartenant à l'acquéreur du bitcoin tandis que la clé publique appartient à la blockchain Bitcoin, qui a émis ces derniers.

Il est aussi nécessaire que ces crypto-actifs soient fongibles, c'est-à-dire qu'ils puissent être échangés contre d'autres actifs numériques identiques. Conditions respectées pour les bitcoins, mais qu'on ne retrouve pas auprès des jetons utilitaires, ces derniers bien qu'émis par la même société, représentent des valeurs distinctes, selon l'investissement que le détenteur a voulu réaliser au sein de la société émettrice. Le crypto-actif doit aussi être négociable (pouvoir être échangé contre d'autres actifs numériques, cas ou autres instruments financiers), mais aussi transférable, le détenteur d'un crypto-actif à le droit de le transférer à une autre personne. Double condition remplie par les crypto-actifs, en effet on transfert le bitcoin et on le négocie sur des plateformes spécialisées dans ce genre de transaction, de même il est possible de transférer et d'échanger contre d'autres actifs numériques les jetons qu'ils soient utilitaires ou sécuritaires, tant que les parties y trouvent leur compte.

Enfin, le crypto-actif, doit aussi être la représentation d'un droit d'utilisation, lui permettant d'utiliser ce dernier comme moyen de paiement ou de règlement pour des services ou des biens. Condition qui est respectée par le bitcoin et par les jetons[128].

---

128 *Idem.*

Le législateur UMOA, pourrait donc décider de consacrer les crypto-actifs comme étant des actifs numériques à l'instar de son homologue français. Mais est-ce qu'un tel choix sera judicieux et réaliste pour notre espace et ses réalités ?

B. La qualification d'actifs numériques, une approche libérale pour le législateur UMOA

Le choix de qualifier les crypto-actifs, comme des actifs numériques offre au législateur UMOA la garantie de la globalité, lui laissant ainsi une grande marge de manœuvre, dans la mesure où non seulement en plus de prendre tous les types de crypto-actifs existant, il permet de se projeter dans le futur et d'anticiper une probable évolution de ces derniers. Cette qualification pourrait aussi être judicieuse dans la mesure où le législateur UMOA, a toujours été fortement lié au droit français, il pourra donc trouver en ce choix, un certain « *accompagnement* », et pourra s'appuyer sur le travail de son homologue français, tout en réalisant les adaptations et les mises en place nécessaires à ces réalités. Cependant, le choix d'actifs numériques, pose aussi certains problèmes. En effet, bien que le législateur français ait reconnu une qualification aux crypto-actifs, il s'est borné à définir ce qu'il entendait par actifs numériques, sans réellement mettre en place un quelconque régime juridique. Outre, la définition et les caractéristiques des crypto-actifs que l'on retrouve à l'article L.54-10-1,2° de la loi Pacte, on ne sait pas pour autant ce que sont ces actifs numériques, est-ce des biens, des instruments financiers, devra-t-on leur appliquer des lois excitantes ou devra-t-on en créer sur mesures pour eux. Tant de questions, qui à ce jour sont encore sans réponse et qui obligeront le législateur UMOA en position de dépendance par rapport à la France, à rester inactif tant que la France elle-même ne clarifiera pas la question du régime juridique des actifs numériques.

De plus, si la France décide de prendre des mesures, ces dernières ne seront peut-être pas favorables ou applicables au cadre règlementaire UMOA. C'est finalement une stratégie de parasite, qui obligera le législateur UMOA à mettre la question des crypto-actifs en suspens, le temps que le droit français ne mûrisse le sujet, prenne les mesures nécessaires, fasse ses erreurs et ces adaptations afin que lorsqu'il décidera de consacrer les crypto actifs en tant qu'actifs numériques, il disposera de tous les éléments nécessaires afin de mettre en place une législation en accord avec ces réalités. Cette technique, de la patience et de l'observation est très intéressante, car, permettant d'éviter un certain nombre d'erreurs, mais risquerait de creuser encore plus le retard qui existe entre l'Afrique et la France.

Il serait aberrant que face à une technologie qui affecte simultanément le monde entier, un pays décide sciemment de ne pas prendre le train en marche accentuant encore les inégalités nord/sud. Pourquoi le législateur UMOA ne serait pas au contraire un pionnier à l'instar du législateur nigérian.

Le 14 septembre 2020, la *Security and Exchange Commission of Nigeria* (ci-après la « SEC ») a publié sa déclaration sur les actifs numériques et leur classification et traitement. Dans son « *Statement On Digital Assets And Their Classification And Treatment* », la SEC a officiellement reconnu, catégorisé et défini les actifs cryptographiques dans la juridiction nigériane [129], en

---

129 Deux autorités s'affrontent au Nigeria La Banque centrale du Nigeria (CBN) et la Securities and Exchange Commission, Nigeria (SEC) affirment des juridictions qui se chevauchent pour les participants au marché des transactions en crypto-actifs ou d'autres

déclarant d'une part que, sauf preuve contraire de la part de l'émetteur ou du promoteur, les crypto-actifs sont des titres [130], qui d'autre part relèvent de la compétence réglementaire de la SEC [131]. De plus, selon la SEC, un crypto-actif n'est ni émit, ni garantit par une juridiction et ne remplit les fonctions énumérées ci-dessus que par accord au sein de la communauté des utilisateurs de crypto-actifs et il est différencié de la monnaie fiduciaire et de la monnaie électronique. Par ailleurs, les crypto-actifs sont traités comme des produits de base s'ils sont négociés sur une bourse de placement reconnue ou émis comme un investissement. Les jetons utilitaires quant à eux fournissent simplement aux utilisateurs un produit ou un service (cas des jetons utilitaires). Ils doivent donc être traités comme des marchandises. Le législateur UMOA, devra alors, s'il choisit la qualification d'actifs numériques, opter pour une approche hybride de celle-ci en adoptant par exemple la définition du législateur français d'une part et d'autre part en soumettant les crypto-actifs au régime juridique des titres financiers, comme son homologue nigérian.

Un éventail de choix s'offre donc au législateur UMOA, néanmoins, chacun de ces présentes des insuffisances, plus ou moins surmontables. Malgré, ces éléments manquants, le législateur UMOA à surtout l'obligation de prendre en compte ses ambitions ainsi que certaines réalités, propre à son écosystème juridique.

---

actifs numériques. (V. NIGERIAN SECURITY AND EXCHANGE COMMISSION., « Regulation of cryptocurrency and digital assets in Nigeria», *Aelex [en ligne]*, p.9.).

130 CHUKWUDI (O.), KOFOWOROLA (T.), CHIZOTAM (A.), et TIMIEBI (E.), « The Virtual Currency Regulation Review: Nigeria. », *The Law Reviews [en ligne]*.

131 *Idem.*

SECTION II. LES CHOIX STRATÉGIQUES ENVISAGEABLES PAR LE LEGISLATEUR UMOA

L'Union Monétaire Ouest Africaine a été créée afin de s'occuper spécifiquement des questions monétaires, elle doit donc veiller dans le contexte monétaire international actuel, à offrir aux Etats membre de cet espace, la possibilité de mutualiser leurs moyens monétaires afin de poursuivre leurs objectifs communs et individuels[132].En effet, l'adoption et l'encadrement des crypto-actifs, apparaissent donc comme un nouvel enjeu dans ce processus d'harmonisation et de mutualisation des moyens monétaires des pays membres de l'espace. Le législateur UMAO, doit donc dicter la conduite à suivre afin que les pays membre de son espace, puissent faire face à ce phénomène planétaire.

Dans cette optique, la qualification des crypto-actifs doit être stratégique et permettre au législateur UMOA, de se dresser en tant que pionnier dans le domaine des crypto-actifs. Il peut donc dans le cadre de cette démarche consacrer une catégorie totalement futuriste pour les crypto-actifs, faisant ainsi de l'espace UMOA une référence en la matière (§1), mais il peut aussi étendre ces ambitions en adoptant cette fois une qualification plus réaliste qui faciliterait d'abord la mise en place d'un encadrement communautaire et qui pourra ensuite être étendue sur le long terme à un encadrement transnational (§2).

---

132 LELART (M.), « L'Union monétaire en Afrique de l'Ouest », *L'Économie politique[en ligne]*, p.108.

§ 1.LES CRYPTO-ACTIFS UNE POTENTIELLE FORME FUTURISTE DE LA MONNAIE

L'avènement de l'internet en 1931, et la vulgarisation de l'ordinateur personnel à partir de 1975[133], vont marquer une étape déterminante dans le domaine bancaire et financier. En effet, cette facilité d'accès aux nouvelles technologies, va ouvrir aux particuliers un eldorado d'opportunités virtuelles, entraînant entre autres l'apparition de monnaies dites virtuelles.

Cette nouvelle catégorie de monnaie, nous oblige à nous demander d'une part si les crypto-actifs ne seraient pas une forme futuriste de la monnaie (A) et d'autre part quelles seraient les conséquences si le législateur UMOA décidait de les considérer comme telles (B).

A. La conception futuriste de la monnaie

Les monnaies virtuelles sont définies par la Commission Européenne, comme étant des « *représentations numériques d'une valeur qui ne sont émises ni par une banque centrale ni par une autorité publique, qui ne sont pas nécessairement liées non plus à une monnaie à cours forcé mais qui sont acceptées comme moyen de paiement par des personnes physiques ou morales et qui peuvent être transférées, stockées ou échangées par voie électronique* »[134]. Dans cette perspective, la Banque Centrale Européenne les classe en trois catégories.

---

133 BEUSCART (J.), DAGIRAL (É.), et PARASIE (S.), « Sociologie d'internet », *« Cursus » [en ligne]*, pp.23-44.

134 KANJ (M.), L'apport en crypto-monnaie dans les sas l'exemple du bitcoin virtuelles, *op.cit.*, p.2.

La première, est celle des crypto-actifs dit « fermés ». Ces monnaies sont souvent utilisées dans les jeux vidéo ou en ligne à l'instar de l'or du jeu World of Warcraft. Cet « or » virtuel, a pour particularité de ne pouvoir être utilisé, qu'au sein du monde virtuel de World of Warcraft. L'utilisateur gagne la monnaie virtuelle dans le jeu et ne peut l'en sortir. Ces monnaies sont donc fermées à ce monde déterminé[135].

La deuxième catégorie, est celle des monnaies dites à « flux unidirectionnel ». Ici, l'argent virtuel peut être acheté avec de l'argent réel comme l'Euro, le Dollar, mais en revanche il ne pourra, être échangé contre de l'argent réel. C'est l'exemple des Facebook crédits, des Miles pour les compagnies aériennes, des cartes de recharge ITunes, Netflix, ou de toute sorte d' « argent virtuel » créer par de nombreuses applications[136]. Cette catégorie semble plutôt s'accorder aux jetons utilitaires. En effet, ces derniers permettent d'avoir un accès futur au produit ou service d'une entreprise, en échange d'une remise préalable de monnaie ayant cours légal, sans possibilité de reconvertir en argent réel.

Enfin, la troisième catégorie est celle des systèmes à flux bidirectionnel où les utilisateurs peuvent changer de l'argent réel, à savoir de la monnaie ayant cours légal, contre de la monnaie numérique et vice-versa. Dans ce système la monnaie numérique n'est pas bloquée dans le monde virtuel, elle peut interagir avec l'économie réelle et bénéficie d'un taux de change avec les monnaies traditionnelles[137].C'est notamment le cas du bitcoin, qui peut interagir avec l'économie réelle. En effet, avec du

---

135 JONCHERE (E.), Encadrement juridique des monnaies numériques : Bitcoin et autres Cryptomonnaies, *op.cit.*, p.46-49.

136 *Idem.*

137 *Idem.*

Dollar, de l'Euro ou du franc CFA, on peut payer du bitcoin, de même l'on peut convertir le bitcoin dans l'une ou l'autre de ces devises.

Ces monnaies semblent donc être la meilleure catégorie de monnaie qu'il serait possible d'adopter.

B. Enjeux de la qualification des crypto-actifs en monnaie virtuelle

Avant d'envisager toute qualification en monnaie virtuelle, il faut garder à l'esprit que les crypto-actifs ne dépendent d'aucun État, d'aucune banque et d'aucune autorité centrale. Ils ont pour caractéristiques : d'être définis par une unité de compte n'ayant pas de statut légal, de ne pas être régulés par une Banque Centrale et de ne pas être délivrés par des établissements financiers. Ils fonctionnent selon un principe autoréférentiel et ne visent pas une valeur de référence car il n'y a aucune référence qui pourrait servir de *« base monétaire»* par rapport à l'ensemble des crypto-actifs (même pas le bitcoin puisque sa valeur est elle-même sujette à de très fortes variations)[138].

Finalement, le législateur UMOA devra encadrer une monnaie sur laquelle il n'a aucun contrôle, aussi bien sur l'émission que sur la circulation. Ce qui empêche la protection des populations, des consommateurs, ou de toutes personnes physiques comme morales en contact avec ces derniers. Prendre les crypto-actifs sous ce jour, serait ambitieux et permettra de les reconnaitre comme étant des formes évoluées de monnaies mais, d'un autre côté cela reviendrait à ouvrir la porte à toutes les dérives et

---

138 LAUNAY (V.), « Questions autour de la nature juridique des crypto-actifs », *Central Charts [en ligne], op.cit.*

abus sans pouvoir réellement offrir un encadrement. Bien que cette dernière catégorie englobe parfaitement les notions de crypto-actifs, elle est encore trop peu développée et peut s'avérer dangereuse en cas d'un encadrement mauvais ou insuffisant.

A défaut de se projeter dans l'avenir, le législateur UMOA peut adopter une position plus libérale, générale et classique telle que celle de bien.

§ 2. La qualification de bien, un choix interessant pour le legislateur UMOA

L'article 516 du Code civil dispose que « *Tous les biens sont meubles ou immeubles*[139] ». Malgré cette summa divisio stricte, qui ne semble reconnaitre que deux types de biens, il existe à ce jour plusieurs types de biens : des biens corporels, matériels, incorporels, de production, de capital, de services, de consommation, en passant par les biens non durables, semi-durables ou encore durables, le choix en matière de bien est large[140]. Face à cet éventail de possibilités, se pourrait-il que les crypto-actifs puissent être eux aussi une forme de bien existante, où même un nouveau type de bien?

A cette question, la réponse est controversée et délicate. En effet, en l'absence de définition, tenter de qualifier les crypto-actifs en bien est une opération qui nécessite dans un premier temps de définir ce qui est entendu par bien, avant d'en faire une confrontation avec les crypto-actifs afin de déterminer à quel type de bien ces derniers

139 Code civil, article 516.

140 SIMLER(P.), « Introduction. Les biens, les choses, les droits, le patrimoine », *Les biens [en ligne]*, p.11.

pourraient appartenir (A) puis d'analyser si effectivement cette catégorisation serait judicieuse (B).

A. Confrontation des crypto-actifs à la notion de « bien »

Le Code civil est silencieux sur la notion de « bien ». En l'absence de définition légale, c'est donc vers la doctrine qu'il convient de se tourner. La littérature est très fournie sur la notion de bien. Par exemple, pour Nadège REBOUL-MAUPIN, les biens sont des « *choses qui servent à l'usage de l'homme et permettent à celui- ci de satisfaire ses besoins, en les utilisant ou en les échangeant* »[141]. Pour Gabriel BAUDRY-LACANTINERIE, la notion de biens désigne « *toutes les choses qui, pouvant procurer à l'homme une certaine utilité, sont susceptibles d'appropriation privée* [142] ». Il ressort de ces diverses définitions, que les biens sont des choses appropriables, possédant une valeur patrimoniale et pouvant s'apparenter, à une richesse économique susceptible de faire l'objet d'une circulation juridique. La notion de bien se caractérise donc par trois éléments.

Le premier, est que le bien est une richesse, en ce sens qu'il se caractérise par l'utilité qu'il procure à son détenteur. Par utilité, il faut entendre l'aptitude de la chose à rendre des services. C'est parce que cette chose est bonne pour soi, que la posséder constitue une richesse pour son propriétaire. Le second élément, est que le bien

---

141 KANJ (M.), L'apport en crypto-monnaie dans les sas l'exemple du bitcoin virtuelles [Mémoire non publié], p.39.

142 BAUDRY-LACANTINERIE (G.), *Précis de droit civil : contenant dans une première partie l'exposé des principes et dans une deuxième les questions de détail et les controverses*, Recueil Sirey, 13eme éd, 1922, p.350.

doit être une richesse « appropriable ». Pour le Professeur LIBCHABER, l'appropriabilité se définit comme l'aptitude d'une chose « *à être soustraite à un usage collectif, au profit d'une dévolution individuelle, exclusive de toute intervention extérieure* [143]». Enfin le troisième élément, est que le bien, doit être une source de droit, pour son propriétaire. De droit réel, c'est-à-dire de droits, qui vont lui conférer un pouvoir direct et immédiat sur une chose[144] ou de droits personnels, lesquels vont conférer à leur titulaire un pouvoir non pas sur une chose, mais contre une personne[145].

Après lecture l'on peut déduire que les crypto-actifs, qu'ils soient bitcoin ou jetons sont fondamentalement des biens, procurant une richesse, en ce sens qu'ils procurent une utilité à leur détenteur. Dans le cadre du bitcoin, l'utilité se trouve dans la valeur même du bitcoin et des divers usages que ce dernier peut en faire. Pour les jetons, ils sont utiles à leur détenteur car leur conférant un certain nombre de prérogatives vis-à-vis de la société émettrice. Ce sont aussi, des richesses appropriables. Pour le bitcoin, une fois payer ce dernier appartient uniquement à son acquéreur, qui est le seul à pouvoir en disposer, de même

143 BAMDE (A.), « Les classifications des biens », A. *Bamdé & J. Bourdoiseau [en ligne]*.

144 Il y a : l'usus (qui est le droit d'user d'une chose), le fructus (qui est le droit de disposer des fruits d'une chose)et abusus(le droit de disposer de son bien, qu'il s'agisse de la disposition juridique de son bien par l'aliénation (vente ou don) ou matérielle par la destruction).(V. *Idem.*)

145 C'est la prérogative qui échoit à une personne, le créancier, d'exiger d'une autre, le débiteur, l'exécution d'une prestation. Ce dernier peut être actif, dans ce cas, le droit personnel est qualifié de créance, et il peut être passif, faisant du droit personnel une dette. (V. *Idem.*).

que les jetons, une fois acquis seul l'acquéreur peut les utiliser comme bon lui semble.

Outre ces premiers éléments, les crypto-actifs, sont aussi des sources de droits pour leurs détenteurs. Dans le cas du bitcoin, celui-ci confère à son détenteur, un droit réel, principal sur la chose. En effet, le fait d'être propriétaire de bitcoin, permet de disposer d'un pouvoir direct et immédiat sur ses bitcoins, droit qui s'exerce sans avoir besoin d'une autre personne ou de l'entremise d'un tiers. Le propriétaire du bitcoin jouit aussi directement de celui-ci et peut en tirer les fruits en cas d'investissement ou de placement. Il a aussi la possibilité d'en user comme bon lui semble, afin, de faire des prêts, de le donner en garantie, de l'utiliser comme apport dans une société, de le vendre, de le donner (mais on ne peut pas détruire, le bitcoin car il repose sur une technologie virtuelle). Pour le propriétaire de jetons utilitaire, la possession celui-ci lui confère un droit personnel de créance sur la société émettrice de ce jeton car, lui donnant un accès futur aux produits ou services de cette société.

A la suite de cette analyse, il est possible que les crypto-actifs, puissent être une forme de bien meuble. Reste néanmoins, à déterminer : à quel type de bien ces derniers peuvent-être rattachés ?

L'article 516 du Code civil dispose que « *tous les biens sont meubles ou immeubles*» [146]. Il en résulte de cette disposition, qu'il n'existe pas de bien qui ne soit ni meuble, ni immeuble : tous les biens relèvent obligatoirement de l'une de ces deux catégories. Dans le cas où le bien serait « immeuble », il se caractériserait par sa fixité, en ce sens qu'il ne pourrait pas être déplacé, tandis que si le bien était meuble, sa caractéristique

---

146 Code civil, article 516.

principale sera sa mobilité car, c'est un bien ni fixé, ni incorporé au sol. Dans le cas des crypto-actifs, ces derniers n'étant pas immobiles, l'on peut déjà écarter la qualification de biens immeubles, ce qui par défaut les fait rentrer dans la catégorie des biens meubles.

En tant que meuble, les crypto-actifs peuvent soit être considérés comme étant des biens meubles par leur nature (des biens meubles corporels) ou comme des biens meubles par la détermination de la loi (des biens meubles incorporels)[147] . En tant que bien que l'on ne peut pas toucher car étant des valeurs numériques contenu sur des serveurs, l'on ne peut pas donner la qualification de corporelle au crypto-actifs car, ils ne sont pas des biens pouvant être appréhendés physiquement. Au vu de leurs immatérialités, la catégorie de biens meubles incorporels, semble être la plus adéquate. Les crypto-actifs cependant répondre à deux conditions afin de pouvoir être pleinement considéré comme tel. Ils doivent être une chose incorporelle, disposant d'un corpus.

Par chose incorporelle, on entend soit la valeur monétaire inscrite sur le bien (monnaie par exemple) ou inhérente au bien (actions de sociétés cotées en bourse), soit la clientèle, soit la création intellectuelle. Dans le cas du bitcoin et des jetons le caractère incorporel se retrouve dans la contre-valeur monétaire [148] de ces derniers. Au niveau du bitcoin, la contre-valeur sera le montant converti en monnaie ayant cour légal. Dans le cas des

147 BAMDE (A.), « Les classifications des biens », *op.cit.*

148 Valeur commerciale donnée en échange d'une autre, en matière notamment de forex la contre-valeur monétaire renvoie à la quantité d'une devise pour un montant donné en devise principale. Par exemple, si l'euro / dollar est à 1.30, alors la contre-valeur de 10 euros est de 13 dollars. (V. COMMISSION GENERALE DE TERMINOLOGIE ET DE NEOLOGIE., Vocabulaire de l'économie et des finances, p.271.)

jetons utilitaires, la contre-valeur sera le prix du jeton ainsi que la valeur des biens et services de la société émettrice auxquels il permet d'avoir accès.

Par corpus, on entend le support matériel qui va permettre de révéler la chose incorporelle, l'élément qui va convertir la chose incorporelle, en un bien susceptible d'appropriation[149]. Au niveau des crypto-actifs, il s'agira du support physique dans lequel est inscrite la clé d'individualisation de chaque crypto-actifs[150].

La catégorie des biens, semblent donc être une qualification à retenir et à explorer, afin de créer sur le long terme un bien prenant en compte, toutes les particularités et complexités des crypto-actifs et de la technologie blockchain sur laquelle ces derniers reposent.

B. La qualification de bien, choix le plus stratégique pour le législateur UMOA

Le choix de bien, semble être le plus intéressant et le plus stratégique pour les crypto-actifs. Ce choix est intéressant, car large et souple, évoluant avec nos sociétés, offrant ainsi la possibilité d'un encadrement transnational. En effet, peu importe la localisation, où se trouve un individu, que ce soit en Europe, en Amérique, ou en Asie, les notions de propriété et de bien existent dans chacune de ces cultures juridiques. Bien qu'abordée avec des nuances propres à chaque système juridique, la notion de bien, reste une notion universellement reconnue et cela les

---

149 PINTO HANIA (V.), Les biens immatériels saisis par le droit des sûretés réelles mobilières conventionnelles, Université Paris-Est, p.25.

150 VAUPLANE (H.), « L'analyse juridique du bitcoin », *op.cit.*, p. 360.

jurisprudences internationales semblent aussi l'avoir compris en matière de crypto-actif.

En France déjà, la jurisprudence s'est engagée dans cette voie. Dans une décision du 26 février 2020, le Tribunal de Commerce de Nanterre a rendu un jugement remarqué dans le domaine des crypto-actifs. En se prononçant sur la nature juridique des bitcoins. Selon le tribunal, le bitcoin est « *une chose fongible et consomptible* »[151]car, selon ce dernier les bitcoins, « *sont fongibles car de "même espèces et de même qualité" en ce sens que les [bitcoins] sont tous issus du même protocole informatique et qu'ils font l'objet d'un rapport d'équivalence avec les autres [bitcoins]* » et « *[sont consommés] lors de [leur] utilisation (...) [et] de par [leur] usage* »[152].

Cette reconnaissance des crypto-actifs en tant que biens, a aussi été retenue dans d'autres juridictions. Par exemple en Angleterre, le « *Legal Statement on the Status of Cryptoassets and Smart Contracts* » du UK Jurisdiction Taskforce [153], à dans l'affaire *Robertson c. Persons Unknown*, amené la Cour à conclure que le bitcoin devrait être traité comme un « bien ». En l'espèce, des pirates du web avaient attaqué les systèmes informatiques d'une entreprise canadienne et les ont pris en otage. Une rançon de 1,2 million de dollars américains a été demandée. Une

---

151 Trib. com. de Nanterre, 26 février 2020, n° 2018F00466. SDE Bitspread Ltd c/ SAS Paymium.

152 LUCCHESI (M.), GUIADER (F.), et LE GUEN (J.), « Les bitcoins, des biens fongibles et consomptibles selon la jurisprudence française », *GIDE LOYERETTE NOUEL [en ligne]*, mars 2020.

153BUTLER (E.), MURRAY(S.), « cryptocurrency - is it recognised as "property" under

english law? », *STEVEN & BOLTON [en ligne]*.

réduction a été négociée, et payé en Bitcoin par l'assureur britannique de la société. L'assureur a ensuite retracé une partie du paiement de la rançon à un portefeuille numérique lié à Bitfinex, une bourse de crypto actif. Elle a ensuite demandé une injonction de propriété sur le paiement de la rançon. La Cour devait donc décider si les crypto-actifs sont une propriété. Pour y répondre, la Cour fait référence à la décision de première instance *AA v Persons Unknown*[154], qui avait déjà conclu que « les actifs cryptographiques sont des biens », en s'appuyant sur le fait que les crypto-actifs tel que le bitcoin, remplissait les quatre conditions nécessaires à la qualification de bien à savoir, que ces derniers doivent pouvoir être « *définissables, identifiables par des tiers, capables, par leur nature, d'être assumés par des tiers et d'avoir un certain degré de permanence* »[155]. La Nouvelle-Zélande a aussi dans l'affaire *David Ian Ruscoe And Malcolm Russell Moore c Cryptopia Limited*, considéré les crypto-actifs comme des «biens»[156] .

En Asie, même les juridictions singapouriennes, ont progressivement reconnu dans une série d'affaires récentes, les crypto-actifs comme étant des "biens". C'est en l'occurrence les décisions *Quoine Pte Ltd c. B2C2 Ltd, puis Quoine Pte Ltd c. B2C2 Ltd*[157], dans lesquelles, la

---

154 ROBERTSON V PERSONS UNKNOWN (2019) Unreported High Court Moulder J Cl-2019-000444.

155 United Kingdom – Aa v Persons Unknown [2019] EWHC 3556 (Comm) (17 January 2020).

156 Pour en arriver à cette conclusion, le juge a dû lui-même faire référence à la définition de la propriété donnée par lord Wilberforce dans l'arrêt National Provincial Bank v Ainsworth. (V.TAHIRKHELI (W.), « Crypto Assets as Property », *Eldwicklaw [en ligne]*.).

157 *New Zealand* – David Ian Ruscoe *and* Malcolm Russell Moore v Cryptopia Limited (In Liquidation) *[2020] NZHC 728 (8 April 2020).*

Cour a fait observer que même si les crypto-actifs n'ont pas de cours légal au sens d'une monnaie réglementée, elles ont néanmoins la caractéristique fondamentale de la propriété incorporelle à savoir : être des choses identifiables et de valeurs[158].

Dans les Îles Vierges britanniques, la qualification de bien semble aussi avoir été adoptée par les juges dans l'affaire *Torque Group Holdings Limited (en liquidation) c. Torque Group Holdings Limited (en liquidation)*[159], a amené la Cour de la British Virgin Island (BVI), a identifié dans le cadre de la liquidation de la société Torque, les crypto-actifs de cette dernière comme étant des « biens »[160].

Après analyse de ces diverses positions, il semble que les juridictions de divers pays à défaut d'avoir des lois leur permettant de trancher en bonne et due forme sur les questions, relatives aux crypto-actifs, ont décidé de reconnaitre tacitement et individuellement les crypto-actifs comme étant des biens.

Un tel choix semble être judicieux, car permettant d'envisager la mise en place de législation aussi bien nationale, communautaire, qu'internationales, dans la mesure ou peu importe le pays ou le système juridique où l'on se trouve, les concepts de bien et de propriété

---

158 Singapore – Quoine Pte Ltd v B2C2 Ltd [2019] SGHC (I) 03 (14 March 2019); Quoine Pte Ltd v B2C2 Ltd [2020] SGCA (I) 02 (24 February 2020).

159 Quoine Pte Ltd c. B2C2 Ltd [2020], *op.cit.*

160 British Virgin Islands – Joint Liquidators of Torque Group Holdings Limited (In Liquidation) v Torque

Group Holdings Limited (In Liquidation) BVIHC (COM) 0031 of 2021 (2 July 2021).

existent. De plus, la qualification de bien est vaste et en constante évolution, s'adaptant constamment aux nouveaux éléments qui entrent dans le patrimoine des personnes physiques et morales. Cette souplesse du régime est un avantage qui permettra d'englober aussi bien les crypto-actifs existants, que ceux qui apparaitront dans le futur, nonobstant les caractéristiques propres de chacune d'elles car, une chose étant sûre ces derniers seront obligatoirement incorporels, car reposant sur la technologie blockchain et seront source de droit pour leurs détenteurs.

Une telle catégorisation simplifie énormément l'approche et le régime applicable au crypto-actif. En effet, le régime des biens est un régime vaste et commun, présent dans tous les domaines juridiques, et dans le patrimoine de chaque personne physique ou morale. C'est aussi une catégorisation, qui ne nécessite que la réunion d'un certain nombre d'éléments, de conditions afin de pouvoir soumettre les crypto-actifs à leurs régimes. Enfin, il faut savoir que malgré son côté obsolète et parfois redondant le régime bien français est un régime solide, reposant sur des bases fermes, il faudra cependant l'adapter au fur et à mesure afin de prendre en compte la particularité de la technologie sur laquelle ces crypto-actifs reposent.

Au stade actuel, il s'avère complexe de raccrocher les crypto-actifs à des catégories juridiques existantes car aucune de ces catégories n'est pleinement satisfaisante. Il ne s'agit ainsi pas de monnaie ayant cours légal, ni de monnaie électronique, ni un titre financier. Aussi, au regard de ces différents éléments, le statut des crypto-actifs semble complexe à définir. Plusieurs options demeurent ouvertes et, au regard de l'évolution rapide de la technologie ainsi que de ses usages, il faudra les réglementer de manière suffisamment souple, sans les cloisonner à des définitions juridiques existantes[161].

C'est pour cela que dans le cadre de ce travail de recherche, nous continuerons de les considérer certes comme des actifs financiers mais surtout comme des biens meubles incorporels.

---

161 LAUNAY (V.), « Questions autour de la nature juridique des crypto-actifs », *Central Charts [en ligne]*.

PARTIE II.

LE RÉGIME JURIDIQUE DES CRYPTO-ACTIFS

Les crypto-actifs ont chacun des objets variés. Certains crypto-actifs ont pour objet le développement de caractéristiques proches de celles des monnaies, tandis que d'autres ont un objet plus précis et plus limité, par exemple sur un marché ou une activité particulière. Certains visent à promouvoir un système d'échange parallèle pour les transactions sur internet, d'autres servent à garantir l'exécution de « *smart contracts* », d'autres encore servent de pont afin de faciliter les transactions internationales. Ces crypto-actifs offrent aussi la possibilité de développer des services innovants et de les financer, notamment avec cette nouvelle forme de financement participatif que représentent les ICOs. Toutes ces activités ont entrainé le développement d'un écosystème propre à ces technologies et à ces activités.

Cette diversité d'usages, d'objectifs, de modes d'émission, de possibilités d'échanges et éventuellement de droits qui leur sont associés, font des crypto-actifs des éléments difficiles voire impossibles à encadrer. Le défi qui se pose alors au législateur UMOA réside en la détermination des usages et finalités à encadrer, tout en veillant à conserver le caractère libéral et autonome des crypto-actifs. À ces questions, l'adage français « *Qui trop embrasse mal étreint.* », donne la voie à suivre au législateur UMOA.

Pour cerner ce « crypto-écosystèmeème [162] » en émergence, il lui faudra analyser les activités réalisables avec les crypto-actifs, ainsi que les acteurs qui interviennent au sein de celui-ci **(CHAPITRE 1)**, sans oublier les conséquences de l'expansion de ce nouvel **(CHAPITRE 2)**.

---

162 LEGAIS (D.), *Blockchain et actifs numériques, op.cit.*, p.142.

Chapitre I.

L'émergence d'un « crypto-écosystème »

Dans un monde en constante et permanente évolution, les crypto-actifs constituent une étape marquante dans l'histoire de la monnaie. Initialement vus comme des investissements spéculatifs ou moyens de paiement visant souvent à cacher l'existence de transactions financières, les crypto-actifs s'envisagent de plus en plus comme moyens de paiement à part entière, moyens d'investissement et de financement d'entreprise ou en tant que substituts aux monnaies légales dans divers domaines de nos sociétés.

Ils peuvent être utilisés pour échanger contre des produits ou des services, comme une monnaie fiduciaire (comme des dollars canadiens ou américains), mais aussi à des fins spéculatives, comme la négociation sur une plateforme de négociation d'actifs cryptographiques.

Il ressort de cette énumération d'activités pouvant être réalisées en utilisant les crypto-actifs, la création d'un écosystème axé sur ces derniers. Cependant, pour que toutes ces activités soient mises en place et fonctionnent, il faut que des individus aussi bien personnes physiques que morales interviennent, entrainant par ricochet la création de nouvelles catégories d'acteurs spécifiques à ce « crypto-écosystème ».

Dans son projet d'encadrement des crypto-actifs, le législateur UMOA devra en plus d''encadrer les usages variés faits des crypto-actifs **(SECTION 1)** identifier les acteurs intervenant dans cet environnement pour les soumettre eux-aussi à un encadrement approprié **(SECTION 2)**.

SECTION I. L'ENCADREMENT D'ACTIVITÉS RÉALISABLES EN CRYPTO-ACTIFS

Les crypto-actifs regroupent diverses entités juridiques conçues pour des finalités et des usages leur étant individuels. Par exemple le bitcoin a été créé afin de servir de monnaie. Les jetons utilitaires, ont été créés pour aider à la capitalisation ou au financement de projets pour des startups, entreprises ou des groupes de développement de projets, en jouant le rôle de « *ticket de participation à des ventes en gros pour lever des capitaux sur un projet* »[163].

Le législateur UMOA, devra donc encadrer distinctement les usages propres au bitcoin (§1) et ceux propres aux jetons utilitaires (§2).

§ 1.LES ACTIVITÉS EN BITCOIN

Le bitcoin en tant que bien immatériel, présente aujourd'hui un ensemble d'avantages financiers pouvant servir efficacement dans le monde de l'entreprise et ce, non seulement lors de la constitution d'une société mais également tout au long de sa vie, par le biais d'un apport (A), mais aussi lors de la réalisation de prêts (B).

A. L'apport en bitcoin

L'article 140 de l'Acte uniforme Relatif au Droit des Sociétés Commerciales et Groupements d'intérêt

163 « Qu'est-ce qu'un jeton utilitaire ? », *bit2me[en ligne]*.

économique (AUSCGIE)[164], prévoit trois types d'apport pouvant être réalisés lors de la constitution d'une société : l'apport en numéraire (une somme d'argent), en nature (un bien), ou encore en industrie[165], en contrepartie duquel les associés se verront attribuer des parts ou des actions.

Du fait de sa nature de « bien meuble incorporel », le bitcoin sera considéré en cas d'apport comme étant un apport en nature. Ce dernier est soumis à deux conditions. La première est qu'il soit « *réalisé par transfert des droits réels ou personnels. L'apport en nature est considéré comme une cession, il doit alors être réalisé par le transfert des droits correspondants aux biens apportés* »[166].En d'autres termes l'apport en nature doit entrainer le transfert d'un droit portant sur une chose. La seconde condition, est que conformément aux dispositions de l'article 149 de l'AUSCGIE, le bien apporté en nature doit faire l'objet d'une évaluation exacte et correcte car c'est sa valeur qui déterminera les droits sociaux de son apporteur[167].

Pour ce qui est de la première condition, deux questions se posent. *Primo* comment transférer des biens reposant sur une technologie totalement virtuelle et *secundo* comment se déroulera le transfert.

Pour répondre à la première question, il faut savoir que le bitcoin, comme tout crypto-actif, est un algorithme stocké sur une chaîne de bloc, grâce à un système de codage. Les titulaires des crypto-actifs vont alors se retrouver en possession d'une sorte de certificat

---

164 AUSCGIE, Article 140.

165 *Idem.*

166 AUSCGIE, Article 145.

167 AUSCGIE, Article 149.

dématérialisé , présenter sous la forme d 'une adresse d'ASCII (*American Standard Code for Information Interchange*)[168], qui contiendra des informations propres au titulaire de ce certificat, l'on n'y retrouvera entre autres : nom et prénom de l'acheteur, la quantité de bitcoins, ou de titres acquis, la date d'acquisition, l'adresse du bitcoin et la contrevaleur de ce dernier au moment de l'acquisition. C'est toutes ces informations, qui seront remises et transférés comme apport en nature à la société, permettant à cette dernière d'exercer un droit directement sur le bitcoin ainsi que sur les bénéfices qui en découleront.

Pour la seconde question, il faut savoir que le monde du bitcoin n'est pas si différent du monde bancaire (blockchain et crypto actifs ayant été créés sur le même modèle). Une telle similitude offre deux possibilités aux sociétés. Le transfert de la propriété du bitcoin peut se faire avec la création par les fondateurs « d'un compte en banque bitcoin ».C'est un procédé par lequel : les fondateurs vont *miner* » une nouvelle adresse au nom de la société, puis, une fois l'adresse créée, les fondateurs

---

168 L'American Standard Code for Information Interchange (Code américain normalisé pour l'échange d'information), plus connu sous l'acronyme ASCII, est une norme informatique de codage de caractères apparue dans les années 1960. C'est la norme de codage de caractères la plus influente à ce jour. ASCII définit 128 codes à 7 bits, comprenant 95 caractères imprimables : les chiffres arabes de 0 à 9, les 26 lettres de l'alphabet latin en minuscules et en capitales, et des symboles mathématiques et de ponctuation. ASCII suffit pour représenter les textes en anglais, mais il est trop limité pour les autres langues, dont le français et ses lettres accentuées. Les limitations du jeu de caractères ASCII sont encore sensibles au xxie siècle, par exemple dans le choix restreint de caractères généralement offerts pour composer une adresse électronique. (V. « Definition of American Standard Code For Information Interchange (ASCII) - Gartner Information Technology Glossary*», Gartner [en ligne].*)

vont y transférer la totalité des bitcoins qu'ils souhaitent apporter en capital.

C'est une fois le transfert réalisé, que le site de la chaîne de blocs leur donnera un récapitulatif de l'opération notamment : l'adresse de celui qui a transféré le bitcoin (ce qui apporte une traçabilité de l'origine de ce bitcoin,) l'adresse du bénéficiaire, l'unité transférée et la contrevaleur en monnaie nationale.

C'est suivant ce procédé-là que le transfert de la propriété des bitcoins se fait au nom de la société en toute légitimité. De plus, l'adresse créée au nom de la société et à laquelle on a transféré les bitcoins servira de preuve non seulement dans le contrat d'apport, mais aussi auprès du Registre du Commerce et du Crédit mobilier (RCCM).Ce qui permettra de garantir la transparence de l'opération d'apport.

Ce procédé peut être assimilé à l'ouverture d'un compte bancaire au nom de la société, lors de sa constitution[169].

Le transfert de la propriété des bitcoins apportés peut également se faire sans aucune création d'une nouvelle adresse bitcoin au nom de la société, mais juste par un simple contrat dans lequel les associés apporteurs s'engagent à ne plus utiliser les adresses des bitcoins apportés. Or, la nécessité de sécuriser cette opération atypique est indispensable, ce qui entrainera obligatoirement la création d'une adresse bitcoin au nom de la société afin d'effectuer le transfert, assurant ainsi la réalisation de cet apport jouissance[170].

---

169 KANJ (M.), *L'apport en crypto-monnaie dans les SAS l'exemple du bitcoin virtuelles, op.cit.,* pp.31-34.

170 *Idem.*

Au niveau de la seconde exigence de l'apport en nature : l'évaluation des biens apportés en nature, cette dernière doit être réalisée soit par les associés, ou en certaines circonstances par le commissaire aux apports (afin d'apprécier la valeur du bien apporté). Cette valeur devra ensuite être mentionnée dans les statuts constitutifs de la société, le tout conformément à l'article 400 de l'AUSCGIE qui dispose que « *Les statuts doivent nécessairement contenir l'évaluation de chaque apport en nature et la description des avantages particuliers stipulés ainsi que, le cas échéant leur évaluation. La valeur des apports en nature et/ou les avantages particuliers doivent être contrôles par un commissaire aux apports*[171] ».

Il ressort de ces dispositions, que même si l'intervention du commissaire aux apports n'est pas obligatoire et n'est limitée qu'à un certain nombre de situations, cette intervention devra être rendue obligatoire par le législateur UMOA lors d'apport en crypto-actif. En effet, à cause de la forte volatilité du bitcoin, il est nécessaire qu'un expert du chiffre ayant pour seule et unique mission d'apprécier et d'assurer le contrôle de la valeur des biens apportés par les associés, intervienne[172].Néanmoins, un problème de taille va se poser dans le cadre de l'évaluation de ces apports en bitcoin : celui de la fluctuation permanente du cours du bitcoin.

Ce problème se caractérise par le fait que la valeur à l'instant « T » du bitcoin ne sera absolument pas la même une minute plus tard, à la différence du cours des monnaies traditionnelles telles que le dollar et l'euro qui ne change que momentanément.

---

171 AUSCGIE, article 400.

172 ZAKI (M.A.), *Le capital social dans les sociétés commerciales OHADA*, Éditions universitaires européennes, *MémoireOnline [en ligne]*, pp.40-56.

Comment déterminer la valeur exacte de l'apport en bitcoin qui devra constituer le capital ?

Il n'existe pas en l'état actuel, de base légale permettant d'évaluer le bitcoin, ce qui justifie la nécessité de trouver une méthode d'évaluation nous permettant de retenir une seule valeur du bitcoin apporté pour que cette valeur ne soit pas remise en cause. Deux moyens d'évaluation du cours du bitcoin, sont alors envisageables : soit l'on décide de retenir, la valeur du crypto-actif selon son dernier cours, soit l'on retient la moyenne du cours de trente jours successifs[173].

Le législateur français a privilégié la méthode des trente derniers cours, pour la seule raison que le cours du bitcoin s'oriente quotidiennement, et parfois significativement, à la hausse comme à la baisse. La valeur moyenne des trente derniers cours s'avère donc plus pertinente, car permettant une évaluation globale de cet apport. Cette évaluation devra être réalisée par un commissaire aux apports pour plus de neutralité et de sécurité.

Outre cet usage dans le domaine des sociétés, le bitcoin peut aussi être utilisé à des fins bancaires et financières, notamment en tant que prêt.

B. Le prêt en bitcoin

Un crypto-actif, comme tout bien, peut être l'assiette d'un prêt. Se faire prêter des bitcoins est tout à fait possible, surtout entre proche ou membre d'une même famille[174]. Néanmoins, la nouveauté de ce crypto-actif ne

---

173 *Idem.*

174 SARAH (M.), « Prêt entre particuliers, prêt familial, P2P, crowdlending, contrat de prêt, reconnaissance de dette, prêt personnel, crédit entre particuliers, injonction de payer », *Litige.fr [en ligne].*

permet pas d'une part, d'avoir suffisamment de confiance pour réaliser des prêts élevés et d'autre part ne présente pas les garanties nécessaires assurer un remboursement sur de nombreuses années de la somme empruntée. Sans oublier que, le crédit en bitcoin est totalement en dehors de la sphère institutionnelle : on ne passe pas par une banque, on n'utilise aucune monnaie légale, tout se faisant uniquement de « pair à pair »[175].

Le prêt en bitcoin entre proches, membres d'une même famille ne fera pas l'objet de notre analyse, car on estime qu'il préexiste un rapport de confiance entre les individus et surtout que ces derniers se connaissent.Nous analyserons uniquement, les prêts en bitcoin qui se font au travers des plateformes de prêt tels que *Coin Rabbit, Spectro Coin* ou créancier et débiteur ne se connaissent pas en dehors de cet espace.

Néanmoins avant de pouvoir encadrer ce type de prêt, encore faut-il determiner la nature de celui-ci.

La jurisprudence française[176]y a répondu en consacrant ce prêt entre particuliers comme étant un crédit à la consommation [177] , dans la décision du Tribunal Commercial de Nanterre en date du 26 févriers 2020[178].

En l'espèce, l'affaire concernait la société B., spécialisée dans le conseil en matière financière et plus particulièrement dans le domaine des crypto-actifs, et la

175 DA SILVA (J)., « Prêter et emprunter en bitcoin : le crédit P2P », Ekonomia *[En ligne]*.

176Code civil, Articles 1892,1893 et 1894.

177 SARAH (M.), « Prêt entre particuliers, prêt familial, P2P, crowdlending, contrat de prêt, reconnaissance de dette, prêt personnel, crédit entre particuliers, injonction de payer », *Litige.fr [en ligne]*, *op.cit.*

178 T. com. Nanterre, 26 février 2020, n° 2018F00466, *op.cit.*

société P. qui exerçait une activité de plateforme d'échange de bitcoins. La société B. avait ouvert sur la plateforme en question un compte, dont le fonctionnement était régi par les conditions générales d'utilisation de P. Surtout, la société P. avait consenti trois contrats de prêt en bitcoin à la société B. pour un montant total de 1 000 Bitcoins (avec intérêt au taux de 5%). Le 13 juin 2016, la société P. avait également accordé à la société B. un prêt sans intérêt de 200 000 euros afin de financer des prestations de tenue de marché en Bitcoin sur la plateforme.

Or, à partir de 2017, un contentieux apparaît entre ces deux protagonistes." Le 13 décembre 2017, la société P. décide de clôturer le compte de B. Le 27 févier 2018, la société B. assigne la société P. devant le tribunal de commerce de Nanterre, exigeant que la société P, lui restitue les bitcoins. Les questions de la restitution des bitcoins, mais aussi celle de la qualification du contrat de prêt de bitcoins se sont alors posées.

Pour pouvoir y répondre, le tribunal de commerce a d'abord procédé à une qualification du bitcoin, en décidant de considérer ce dernier comme étant un « *bien fongible et consomptible, disposant des mêmes caractéristiques que la monnaie légale sans pour autant en être une* ».

Ensuite, les juges vont observer que le bitcoin est « consommé » lors de son utilisation, que ce soit pour payer des biens ou des services, pour l'échanger contre des devises ou pour le prêter, « *tout comme la monnaie légale, quand bien même il n'en est pas une* ». Le bitcoin est donc consomptible par son usage. Ils vont aussi noter que les bitcoins sont fongibles, dans la mesure où ils sont tous issus du même protocole informatique et font l'objet d'un rapport d'équivalence avec d'autres bitcoins.

Le jugement en conclut alors que, le bitcoin étant ainsi fongible et consomptible, « *la qualification juridique des 3 contrats de prêts de BTC signés entre les parties* […] *est donc bien celle du prêt de consommation* »[179].

Comment sera réalisé l'encadrement de ce type de prêt par le législateur UMOA?

Bien, que les textes UMOA, abordent vaguement les prêts à la consommation, aucuns textes communautaires ne les encadrent réellement.

Le crédit à la consommation étant avant tout un contrat de prêt d'argent avec des spécificités, il sera soumis premièrement aux conditions générales de validité des contrats, puis à un ensemble de conditions spécifiques au prêt d'argent.

Au niveau des conditions générales de validité des contrats, il faut un consentement valide, une cause licite et morale, une capacité civile des cocontractants et un objet certain et licite.

Pour ce qui est des conditions propres au prêt d'argent, le législateur UMOA devra s'inspirer de la Côte d'Ivoire et du Mali, où le contrat de crédit à la consommation et de crédit immobilier bénéficie d'un régime juridique. Il devra entre autres parler de l'obligation d'information du consommateur , et encadrer premièrement la publicité que ces plateformes font de leurs prêts. Il faut que l'information partagée avec les consommateurs soit appropriée et claire, notamment par rapport aux produits ou services qu'il acquiert ou utilise.

---

179 CAPDEVILLE (J.L.), « La qualification juridique des contrats de prêt de Bitcoin est celle de prêt de consommation », *Quotidien[En ligne]*.

Ainsi, l'article 146 de la Loi sur la consommation en Côte d'Ivoire dispose que « *la publicité relative au crédit à la consommation doit préciser l'identité du prêteur, la nature, l'objet et la durée de l'opération proposée ainsi que le coût total et, s'il a lieu, le taux effectif global du crédit et les perceptions forfaitaires, préciser le montant, en monnaie ayant cours légal, des remboursements par échéance ou, en cas d'impossibilité, le moyen de le déterminer* »[180].

Dans le même ordre d'idées, l'article 20 du Décret n°2016-0482/P-RM fixant les modalités d'application de la Loi n°2015-036 du 16 juillet 2015 relative à la consommation au Mali précise que « *toute publicité relative à une opération de crédit doit comporter l'identité complète du fournisseur, sa nature, son objet et sa durée et le montant toutes taxes comprises ainsi que le détail du montant des intérêts, des taxes, frais et assurances pour chaque échéance. Le créancier a aussi l'obligation de prendre en compte la situation financière du demandeur de crédit, l'octroi du crédit est corrélé à la capacité d'endettement du client c'est-à-dire son aptitude à rembourser les échéances du prêt dans les délais requis.* [181]»

Conformément aux législations ivoiriennes et maliennes, la formation du contrat de crédit doit être précédée d'une offre préalable de crédit écrite en caractères très apparents lisibles à première vue et remise aux consommateurs. Les conditions de l'offre préalable doivent avoir une validité d'au moins quinze jours ouvrables pour le crédit à la consommation, à compter de

---

180 Loi n°2016-412 du 15 juin 2016 relative à la consommation, Article 46.

181 Décret d'application de la Loi sur la consommation au Mali, article 20.

la réception de l'offre par le consommateur[182].L'offre préalable de crédit doit comporter notamment l'identité des parties et, éventuellement celle des cautions, la nature, l'objet et les modalités du prêt dont les dates et les conditions de mise à disposition des fonds au consommateur, l'échéancier détaillant la répartition du remboursement, l'évaluation du coût du crédit ainsi que celui des assurances et des sûretés réelles ou personnelles qui conditionnent la conclusion du prêt[183].

Bien qu'un encadrement de ces plateformes soit possible avec nos textes actuels , il reste encore limité à des sociétés constituées au sein d'un des pays membre de l'espace UMOA, qui proposeraient ces services.C'est seulement dans cette hypothèse que le législateur UMOA pourra également exercer un contrôle sur ces plateformes.Pour le moment, la plupart de ces plateformes se trouvant à l'etranger, le législateur UMOA, n'a pas d'autre choix que de jouer la prudence et accentuer les mises en garde des consommateurs de ces prêts.Ces limites de nos textes, accentuent encore la nécessité d'une collaboration internationale en matière d'activités faisant intervenir des crypto-actifs, pour ne plus que les frontières soient des barrières à l'encadrement de ces derniers.

Le bitcoin, n'est pas le seul crypto-actif à avoir un usage démocratisé auprès des particuliers. Les crypto-actifs suscitent en effet un intérêt croissant en dehors de leurs communautés initiales, c'est-à-dire auprès des utilisateurs et des commerçants ne jouant pas un rôle opérationnel

---

182 Loi sur la consommation en Côte d'Ivoire, Articles 151 et 191 et Décret d'application de la Loi sur la consommation au Mali, articles 24 et 30.

183 Article 191 de la Loi sur la consommation en Côte d'Ivoire, article 191.Décret d'application de la Loi sur la consommation au Mali, article 30.

dans le réseau d'émission et de gestion de ces actifs (par exemple, non mineurs de crypto-actifs). Cela entraîne le développement de nombreux services, qui se structurent en s'inspirant des services existant dans la sphère financière traditionnelle, à l'instar d'Initial Coins Offering (ICO).

§ 2. Les activités avec usages de jetons utilitaires

L'une des finalités des jetons utilitaires est l'Initial coin Offering (ICO). Ce mécanisme de levée de fonds utilisant la technologie blockchain, appelé ICO,vente ou offre de jetons, est une nouvelle forme de levée des fonds s'appuyant sur la technologie blockchain. Cette levée de fonds consiste en la remise de jetons à un certain nombre de personnes (souvent un nombre indéterminé) en contrepartie d'un montant en monnaie légale ou crypto-actifs[184].

Il faudra donc appréhender dans une première partie le fonctionnement d'une procédure des ICO, ainsi que la nature juridique de cette opération (A) ce qui nous permettra de déterminer l'encadrement approprié à mettre en place (B).

A. La nature juridique d'une Initial Coin Offering

Les ICOs, sont des événements durant lesquels les investisseurs reçoivent des jetons en échange du financement d'un projet. Ils ont vu le jour en 2013, quand

---

184 MIGNON (V.), MÜLLER(V.), « La qualification juridique des tokens : aspects réglementaires », *GesKR [en ligne]*, p.490.

J. R. Willett, un ingénieur en logiciel, a organisé la première ICO pour son projet « Mastercoin [185] ». En principe, le mécanisme des ICOs (ou ventes de jetons), reposent sur les mêmes fondements que l'introduction en bourse, durant lesquelles les entreprises émettent des actions.

Les ICOs vont, cependant, introduire un tout nouveau modèle commercial, en permettant à des personnes lambda d'investir dans n'importe quel type de startup, avec de hautes chances de rendement.

Le lancement d'une ICO, débute par une phase intense de marketing. Cette dernière vise les investisseurs de grande échelle et institutionnel et à pour 'objectif d'atteindre au travers de canaux en ligne clés, tels que les sites internet de crypto-actifs et les réseaux sociaux le plus de monde possible et de faire monter le prix des crypto-actifs. En somme, le défi consiste à médiatiser le plus possible un produit ou une entreprise la plupart du temps nouvelle, et qui cherche à augmenter sa visibilité.

À la fin de la phase marketing (avec parfois une phase de prévente), la vente de jetons commence. Elle peut se

---

185 La première ICO a été organisée après que J. R. Willett, un développeur logiciel basé à Seattle, a décidé de développer une nouvelle couche de protocole, au-dessus de Bitcoin, afin d'implémenter de nouvelles fonctionnalités. En matière de financement, il voulait éviter le « b*ootstrapping* », qui consiste à compter sur son épargne personnelle ou ses revenus d'exploitation, les plateformes de collecte de fonds classiques et les investisseurs en capital-risque. Willett désirait plutôt que toute partie intéressée par le financement de son projet, appelé « Mastercoin », puisse investir directement des bitcoins sans que cela n'entraîne davantage de bureaucratie ou qu'il doive renoncer à ses droits de propriété, comme l'implique le financement externe par des sociétés de capital-risque. (V. « Qu'est-ce qu'une ICO et une IEO dans le secteur des blockchains ? »,*bitpanda [en ligne]*.)

faire en distribuant les jetons directement dans les « *wallets* » des investisseurs ou via un exchange de crypto-actifs[186]. Durant cette même période, un « *white Paper*», sera émis par le groupe (en l'occurrence une start-up) initiateur de l'évènement. Ce dernier est un document présentant en détail le projet, c'est la feuille de route de celui-ci, dans lequel on va notamment retrouver l'échéancier des retours sur investissement [187] . Ce document va circuler parmi les potentiels investisseurs, ce qui leur permettra de se faire une idée du projet[188]. Une date de début de l'évènement sera ensuite fixée, généralement un mois en avance.

D'un point de vue juridique, une telle opération ne consiste finalement qu'en une vente de jetons. C'est une opération où la société émettrice vend aux consommateurs, qui pourra ensuite les utiliser au sein de la société. Il y a ici un vendeur (la société émettrice) qui s'engage à fournir en bien ou en service futur en échange d'une somme (en monnaie légale ou autres crypto-actifs) qui lui seront remis par l'acheteur[189], cet engagement sera prouvé par la détention du jeton utilitaire.

Comment sera encadrée cette activité ?

186*Idem.*

187 *Idem.*

188Ce document et son analyse approfondie par les investisseur, sont vitaux, car il n'existe aucune entité juridique vers laquelle les investisseurs pourront se tourner si le projet s'avère être une escroquerie. (V. *Idem).*

189 Code civil, Article 1582 qui dispose que « La *vente est une convention par laquelle l'un s'oblige à livrer une chose, et l'autre à la payer.* »

B. Plan d'encadrement : des Initial Coin Offering

L'aspect de l'encadrement des ICO qui prime, actuellement pour les législateurs, c'est la protection du consommateur. En effet, durant une ICO, les investisseurs (pour la plupart de simples particuliers) ne bénéficient d'aucunes garanties et s'expose soit à la perte de l'intégralité du capital investi en cas de projet sans application concrète ou à cause de la volatilité considérable des jetons [190], soit aux risques d'escroquerie et de cybercriminalité[191].

Tous ces éléments amènent l'Autorité des Marchés financiers (AMF), à considérer les ICOs comme étant des projets « *technologiques complexes à un stade précoce de leur développement qui sont destinés en premier lieu à un public averti, technophile* » [192] .Devant l'arrivée récente d'investisseurs néophytes sur le marché, l'enjeu d'un encadrement est donc de limiter tous ces risques en élaborant un cadre juridique adapté[193].

---

190 À titre d'exemple la start-up « Tezos », qui a levé l'équivalent de 232 millions de dollars grâce à une ICO, a vu son jetons perdre près de 40 °/o de sa valeur en 3 heures suite à un conflit entre ses fondateurs. (V. BELLANCA (F.), et VERBIEST (T.), « Initial Coin Offerings (ICO) : l'inévitable régulation ? », *op.cit.*).

191 L'exemple le plus retentissant concerne la plate-forme d'échange de cybermonnaies « Bitfinex » qui s'est fait dérober l'équivalent de 65 millions de dollars en août 2016. (V. *Idem.*)

192 BENKIRANE (R.), *Le phénomène des Initial Coin Offerings, nouveau modèle financier ?- Approche juridique des émissions de jetons numériques, [Mémoire non publié],*Université de Neuchâtel, décembre 2018,p. 24.

193 *Idem.*

Bien qu'à ce jour, il n'existe aucun cadre juridique satisfaisant, le législateur UMOA pourrait s'inspirer de la démarche d'encadrement de l'AMF. Celle-ci propose trois options de régulation, à savoir : la mise en place d'un guide de bonnes pratiques à droit constant, hypothèse la plus ouverte. Ici, les ICOs ne sont soumises qu'à des règles de bonnes pratiques, qui devront être définies par l'autorité de régulation des marchés, en l'occurrence le CREPMF. Ce choix bien que souple et libéral n'est pas sans risque dans la mesure où ces règles n'ont aucune force juridique contraignante faute de régulation[194].

A défaut le législateur UMOA peut aussi décider d'étendre le champ des textes existants pour appréhender les ICOs comme des offres de titres au public: il s'agirait ici d'encadrer toutes les ICOs, quelles que soient leurs formes et leurs caractéristiques, comme étant des offres classiques de titres au public, en s'appuyant sur des dispositions existantes.

Enfin, la dernière option qui s'offre au législateur UMOA consiste en la mise en place d'une procédure d'instruction et d'octroi d'un visa par le CREPMF[195].Cette dernière option semble être la plus intéressante, dans la mesure où elle instaure non pas un régime d'autorisation optionnelle, mais au contraire un régime obligatoire. Les initiateurs d'ICO auront l'obligation d'obtenir un visa, une autorisation de commercialisation des jetons auprès du CREPMF. Les offres n'ayant pas été autorisées formellement par le CREPMF, seraient interdites et assujetties à des sanctions pénales pour fraudes.

---

194 LEGEAIS (D.), *Blockchain et actifs numériques*, *op.cit.*, pp.237-240.

195 *Idem.*

L'objectif d'une telle réglementation serait d'encadrer les ICOs et donc d'offrir des garanties aux investisseurs, sans pour autant brider toute liberté et toute innovation qui sont pourtant déterminantes pour les porteurs de projets[196]. Ainsi, chaque projet devra obtenir une autorisation de commercialisation des jetons auprès du CREPMF, lequel se chargera de vérifier et d'attester les garanties présentées par l'initiateur de l'ICO.

Cette diversité d'usages des crypto-actifs, est permis par un ensemble d''individu, personnes morales comme physiques, qui interviennent dans le fonctionnement, pour en assurer le fonctionnement, la circulation, ainsi que l'expansion de ce système.

SECTION II. L'ENCADREMENT DES ACTEURS, DU « CRYPTO-ECOSYSTÈME »

Le développement des crypto-actifs s'accompagne de la constitution d'une chaîne de valeurs avec plusieurs catégories d'acteurs : les mineurs, les « *wallet providers* », et autres fournisseurs de services ainsi que les consommateurs et utilisateurs en tout genre.

Nous analyserons donc l'encadrement des acteurs personnes morales (§1) ainsi que celui des personnes physiques qui interviennent au sein de cet écosystème (§2).

---

196 BELLANCA (F.), et VERBIEST (T.), « Initial Coin Offerings (ICO) : l'inévitable régulation ? », *op.cit.*

§ 1. L'ENCADREMENT DES ACTEURS-PERSONNES MORALES

La recommandation du GAFI, sur les Normes internationales sur la lutte contre le blanchiment de capitaux et le financement du terrorisme et de la prolifération [197], définit un prestataire de service comme étant « *Toute personne physique ou morale (...) qui exerce à titre commercial une ou plusieurs les activités ou opérations suivantes au nom d'un client ou pour son compte : échange entre actifs virtuels et monnaie fiduciaire; échange entre une ou plusieurs formes d'actifs virtuels; transfert d'actifs virtuels; conservation et/ou administration d'actifs virtuels ou d'instruments permettant le contrôle d'actifs virtuels ; participation à et prestation de services financiers liés à l'offre d'un émetteur et/ou à la vente d'actifs virtuels.* [198] ».

Il ressort de cette définition un certain nombre d'activités, qui peuvent être réalisées par les prestataires de services au sein du « crypto-écosystème ». Toutefois nous ne développerons que certaines activités principales, à savoir l'échange ainsi que la conservation des crypto-actifs (A), puis nous tenterons de déterminer le régime qui pourrait leur être appliqué (B).

---

197 *Recommandations du GAFI* - Normes internationales sur la lutte contre le blanchiment de capitaux et le financement du terrorisme et de la prolifération, *op.cit.*, p.79.
198 *Idem.*

A. L'existence de plateformes d'échanges et de conservation de crypto-actifs

Le rôle des plateformes en matière de crypto-actifs est essentiel. En effet, ces dernières permettent l'achat et la vente de crypto-actifs, activité essentielle au fonctionnement du « crypto-écosystéme ». Ces plateformes constituent l'interface principale entre l'univers de la crypto-finance et le système financier traditionnel [199], dans la mesure où elles favorisent la conversion et les échanges de crypto-actifs.

Souvent désignées sous le nom de « Digital Currency Exchanges » ou « Échange de devise numérique »[200], ces plates-formes proposent la plupart du temps, quatre types de service à savoir la cotation et l'échange de crypto-actifs contre des monnaies officielles ; le dépôt et la conservation des avoirs en crypto-actifs de leurs clients ; le dépôt et la conservation des mêmes avoirs en monnaies officielles ; l'exécution de paiement et de transaction en crypto-actif[201].

Outre les plates-formes qui permettent la circulation des crypto-actifs, il y a celles qui permettent de les conserver,

---

199 *Idem.*

200 Un échange de crypto monnaies (aussi appelé échange de bitcoins ou échange de monnaies numériques ; en anglais, « *cryptocurrency exchange », « bitcoin exchange », ou » digital currency exchange »*) est une entreprise qui permet à ses clients d'échanger des monnaies cryptographiques ou numériques contre d'autres actifs, tels que de la monnaie fiduciaire classique ou d'autres monnaies cryptographiques ou numériques. (V. « What is a digital currency exchange? »,*Coingeek [en ligne].*).

201 BARBET-MASSIN (A.), FLEURET (F.), LOURMI (A.), O'RORKE (W.), et PION (C.)., *Droit des Crypto-actifs et de la blockchain*, Paris, LexisNexis,2020, p.73.

ce sont les « *wallets providers* ». Ces derniers, sont aussi des acteurs de la crypto-économie. Selon le *Journal du Net*, un « *wallet* » ou « portefeuille », est en matière de crypto-actifs, un procédé de stockage, physique ou numérique, de crypto-actifs [202]. Ainsi, pour recevoir, stocker ou envoyer des bitcoins par exemple, il faut être détenteur d'un portefeuille. Ce dernier contient les clés permettant de dépenser, d'acquérir et donc de transférer des bitcoins[203].

L'appellation « *wallet* » recouvre différents modes de stockage. Mais en pratique, un « *wallet* » qu'il s'agisse d'un logiciel client, d'une application, d'un fichier crypté et sécurisé ou d'un simple morceau de papier, intègre quasi invariablement deux éléments : une clé publique, connue de tous et correspondant, par exemple à une adresse bitcoin ou à l'adresse d'un autre crypto-actif, et une clé privée, connue du seul propriétaire du portefeuille[204]. C'est cette clé qui permettra ensuite de signer des transactions et de prouver à l'ensemble des pairs d'un réseau que l'on est bien propriétaire de tel ou tel montant de crypto-actif.

Ces prestataires, qui proposent finalement des services de conservation pour le compte de tiers leurs clés privées, de les stocker et de les transférer de manière sécurisée, se

---

202 « Wallet : qu'est-ce qu'un wallet et comment le choisir ? », *JDN[en ligne]*.

203 DEBONNEUIL (C.), et QUINIOU (M.), *Glossaire Blockchain*, *op.cit.*, p.44.

204 « Wallet : qu'est-ce qu'un wallet et comment le choisir ? », *op.cit.*

rapproche du contrat de service, de dépositaire[205]. Comment faut-il donc les encadrer ?

B. L'encadrement des prestataires de service sur crypto-actifs

De manière générale, l'encadrement de ces plateformes vise à protéger avant tout les usagers de ces derniers. Face aux enjeux que ces plateformes présentent, les encadrer serait une opération délicate et restrictive. Pour commencer le législateur UMOA devra mettre en place un processus d'enregistrement de ces plateformes, auprès du CREPMF.

Ce qui lui permettra de circonscrire l'accès des usagers, qu'à certaines plateformes, qui aurait été au préalable vérifiées ce qui garantira leur sécurité. Si un usager décide ensuite d'aller sur des plates-formes autres que celles proposées et contrôlées, ce sera à ses propres dépens. Dans le cas des plateformes étrangères validées par le CREPMF, celles-ci devront se conformer à un certain nombre de conditions drastiques imposées pour l'enregistrement à savoir : le respect de règles en matière de ressources financières et d'organisation et de bonne conduite (communiquer une information claire au client, faire signer une convention…).

Un tel encadrement bien que restrictif, et peu attractif, est nécessaire. Car comme le précisait Giulia Mazzolini *« Ce tampon signifie que les clients peuvent investir en toute confiance,* argumente. *Par ailleurs, tout le contenu de notre site est traduit en français (interface et contenus*

---

205 BARBET-MASSIN (A.), FLEURET (F.), LOURMI (A.), O'RORKE (W.), et PION (C)., *Droit des Crypto-actifs et de la blockchain, op.cit.,*p.103.

pédagogiques sur l'investissement en cryptomonnaies) et nous avons mis en place un service client spécialement dédié aux hexagonaux [206]*»*.

De plus, si une fraude avérée est constatée, le CREPMF pourra toujours retirer *« le prestataire de la liste blanche et le mettre dans la liste noire ce qui est aussi un moyen pour obliger les prestataires à respecter la réglementation* [207]*»*, précise Michelle Abraham. Ce dernier soulève aussi qu'un tel encadrement est intéressant, car *« Dans le domaine des crypto monnaies, de nombreuses plateformes ne s'adressent pas spécifiquement à un public français, leur interface est notamment en anglais, la réglementation française n'est donc pas nécessairement applicable, ce qui veut dire qu'en cas de problème, il faut se retourner vers l'autorité du pays de domiciliation, si elle est compétente. "À l'inverse, un particulier client d'une plateforme enregistrée pourra plus facilement se tourner vers l'AMF et notamment faire intervenir son médiateur en cas de litige persistant.*[208] *" Dans le cas d'une société européenne enregistrée auprès de l'AMF, le médiateur pourra assister les investisseurs français pour saisir le médiateur géographiquement compétent dans l'Union européenne.*[209]*»*.

Dans le cas échéant ou des personnes physiques ou morales, décideraient de créer ce genre de plateforme, il faudra que le législateur UMOA, mette en place une procédure d'obtention d'une licence, afin de s'assurer que ces derniers répondent effectivement à un certain nombre de conditions. Ce qui permet d'offrir un certain nombre de

---

206 TOUSTOU (E.), « Crypto-monnaies Faut-il privilégier les plateformes régulées pour investir? », *Quechoisir [en ligne]*.

207 *Idem.*

208 *Idem.*

209 *Idem.*

garanties afin d'assurer la sécurité des usages et la stabilité du marché.

Outre les plateformes, les personnes physiques et morales doivent aussi faire l'objet d'une surveillance accrue du législateur UMOA, compte tenu du rôle effectif que ces derniers jouent.

§ 2. L'ENCADREMENT DES ACTEURS-PERSONNES PHYSIQUES

Dans l'écosystème des crypto-actifs, plusieurs catégories d'utilisateurs existent. Toutefois, dans le cadre de ce travail de recherche, nous analyserons principalement les acteurs qui font fonctionner le système crypto-actif à savoir les mineurs (A) ainsi que ceux qui l'utilise (consommateurs et investisseurs (B).

A. Le mineur, pierre d'angle de l'écosystème des crypto-actifs

Un mineur, dans le monde des crypto-actifs, est « *toute personne physique ou morale qui dédie son temps et son électricité pour faire tourner les systèmes monétaires numériques et chiffrés. Ce sont eux qui vérifient les transactions et les ajoutent au livre public des transactions passées dans le réseau Bitcoin, à savoir la « blockchain* »[210]. Les mineurs de crypto-actifs[211], de même

---

210 « Blockchain : qu'est-ce qu'un mineur ? », *Cryptoencyclopdie [en ligne].*

211 Les « mineurs » au sens des crypto-actifs et de la blockchain, sont une analogie avec les mineurs des mines de métaux précieux comme ceux des mines d'argent de Potosí en Bolivie. (V. JONCHERE (E.), *Encadrement juridique des monnaies numériques : Bitcoin et autres,op.cit.*,p.103.)

que les mineurs réels, cherchent à extraire le métal ou le crypto-actif pour pouvoir le mettre en circulation. Toutefois contrairement aux mineurs réels, les mineurs numériques n'ont pas besoin de force physique et d'endurance, mais uniquement de connaissances informatiques, d'une connexion aux réseaux électriques et d'Internet. Avec le matériel informatique dont ils disposent, ils vont ensuite effectuer des calculs mathématiques afin de confirmer les transactions en crypto-actifs effectuées sur une blockchain[212]. Comment encadrer leur activité ?

Il faut savoir que d'après le *Financial Crimes Enforcement Network* [213] (ci-après FinCEN), deux catégories de mineurs existent, ceux qui minent et utilisent les crypto-actifs issus de cette activité pour leur propre usage et ceux qui en plus de miner et d'utiliser ces actifs issus de leurs activités, envoie des unités de crypto-actifs à toute autre personne ou si elle le fait pour le compte de toute autre personne. C'est ces derniers qui créent et mettent en circulation des crypto-actifs.

Dans la première situation la FinCEN et le législateur français ont considéré que cela consistait en une activité personnelle, voire lucrative[214].Tandis que, dans la seconde

---

212 *Idem.*

213 Le *Financial Crimes Enforcement Network* ("FinCEN"), est le bureau du Département du Trésor américain en charge de la lutte contre le blanchiment de capitaux et le financement du terrorisme ("LCB-FT"). (V. PUEL (S.), « Le FinCEN américain précise le champ d'application des règles applicables en matière de lutte anti-blanchiment pour les activités impliquant des monnaies virtuelles convertibles »,*Gide Loyrette Nouel [en ligne].*)

214 Une directive du FinCEN de 2013 semble classer les mineurs dans la catégorie d'entreprise de services monétaires :« *An administrator is a person engaged as a business in issuing (putting into circulation) a virtual currency, and who has the authority to*

hypothèse, la personne qui mine devra être considérée comme une entreprise de service monétaire[215]. En tant que tel, L'instruction N°008-05-2015 régissant les conditions et modalités d'exercice des activités des émetteurs de monnaie électronique dans les États membres de L'Union Monétaire Ouest Africaine (UMOA), semble pouvoir s'appliquer de manière nuancée.

Cette instruction prévoit entre autres comme modalité d'encadrement, l'obligation d'obtenir préalablement un agrément ou une autorisation dûment agréé par la Banque Centrale. Les établissements de monnaie électronique doivent être agréés par la Banque Centrale avant le démarrage de leurs activités d'émission de monnaie électronique[216]. L'exercice, par les systèmes financiers décentralisés, d'activités liées à la monnaie électronique, est soumis à l'autorisation préalable de la BCEAO.

Outre l'agrément, le législateur UMOA, devra pour ces secondes catégories de particuliers, les obliger à se constituer sous forme de Sociétés Anonymes (SA) ou de Sociétés à Responsabilité Limitée Pluripersonnelles (SARL), de Mutuelles, de Coopératives ou de

---

redeem (to withdraw fromcirculation) such virtual currency [...] An administrator or exchanger that (1) accepts and transmits a convertible virtual currency or (2) buys or sells convertible virtualcurrency for any reason is a money transmitter under FinCEN's regulations, unless a limitation to or exemption from the definition applies to the person.» (V. « Application of FinCEN's Regulations to Persons Administering, Exchanging, or Using Virtual Currencies», *Department of the Treasury Financial Crimes Enforcement Network [en ligne].*)

215 *Idem.*

216 Instruction N°008-05-2015 Régissant les conditions et modalités d'exercice des activités des émetteurs de monnaie électronique dans les états membres de L'Union Monétaire Ouest Africaine (UMOA), article 8.

Groupements d'Intérêt Économique[217]. Cette condition d'exercice d'une personnalité morale, est nécessaire quoique restrictive et en désaccord avec le libéralisme, que prône le système crypto-actifs. Toutefois, un tel encadrement permettra au législateur, de garder un œil sur le débit d'émission de crypto-actifs et de pouvoir déterminer le nombre de crypto-actifs en circulation.

Les mineurs ne sont pas les seules personnes physiques à faire usage des crypto-actifs, les investisseurs chevronnés et les consommateurs novices ne sont pas en reste.

B. Investisseurs et consommateurs, acteurs vulnérables au sein de l'écosystème des crypto-actifs

Dans le cadre de l'utilisation des crypto-actifs, certains utilisateurs doivent bénéficier d'une protection. En effet, si la plupart des utilisateurs ne sont pas protégés comme dans le cadre bancaire ou financier traditionnel, il y a peu de chances qu'il y ait une acceptation généralisée de ces crypto-actifs au sein de la population[218]. Deux types d'utilisateurs sont identifiables : les consommateurs au sens général du terme et les consommateurs de produits financiers, communément appelés investisseurs. L'article préliminaire du Code de la Consommation définit le consommateur lambda comme « *toute personne physique qui agit à des fins qui n'entrent pas dans le cadre de son activité commerciale, industrielle, artisanale, libérale ou*

---

217 *Ibid.* Article 9.

218 JONCHERE (E.), *Encadrement juridique des monnaies numériques : Bitcoin et autres Cryptomonnaies*, *op.cit.*, *p.131.*

agricole » [219] .Au sein de l'Union européenne, le consommateur est défini par l'article 2 de la Directive sur la commercialisation à distance de services financiers auprès des consommateurs de 2002, comme étant « *toute personne physique qui, dans les contrats à distance, agit à des fins qui n'entrent pas dans le cadre de son activité commerciale ou professionnelle* »[220]. Cette définition est complétée par celle du deuxième article de la Directive de 2005 relative aux pratiques commerciales déloyales des entreprises vis-à-vis des consommateurs dans le marché intérieur qui dispose que le consommateur est « *toute personne physique qui, pour les pratiques commerciales relevant de la présente directive, agit à des fins qui n'entrent pas dans le cadre de son activité commerciale industrielle, artisanale ou libérale* »[221]. Toutefois, cette définition ne suffit pas en matière de banque, financement et investissement à faire la différence entre le consommateur profane et l'investisseur. La jurisprudence va donc prendre la relève en énumérant, dans un certain nombre d'affaires, des caractéristiques, qui mis de bout en bout peuvent servir de faisceau d'indices afin de faciliter la distinction entre consommateur et l'investisseur. Par exemple dans son arrêt en date du 11 avril 2019, la Cours de Justice européenne, considère que *« la juridiction de renvoi doit vérifier. Aux fins de cette qualification, d'une part, des facteurs tels que la valeur des opérations effectuées, l'importance des risques de pertes financières liés à la conclusion de tels contrats, les connaissances ou l'expertise éventuelles de ladite personne dans le domaine*

---

219 Code de la consommation, article préliminaire.

220 Directive sur la commercialisation à distance de services financiers auprès des consommateurs de 2002.Article 1.

221 Directive de 2005 relative aux pratiques commerciales déloyales des entreprises vis-à-vis des consommateurs dans le marché intérieur, Article 2.

des instruments financiers ou son comportement actif dans le cadre de telles opérations »[222]. Faisant de l'investisseur toute personne physique, possédant certaines connaissances dans le domaine des crypto-actifs, investissant de grosse somme tout en ayant conscience des risques y attenant et enfin faisant ces actions de façon assez fréquente.

Ce qui explique que dans le cadre de l'encadrement des crypto-actif, le législateur mettra l'accent sur le consommateur profane. Une telle protection est nécessaire à leur niveau, dans la mesure où, cela permettrait de protéger la tranche de consommateurs la plus vulnérable des États, face à l'utilisation grandissante des crypto-actifs, à savoir les personnes âgées, les personnes qui n'ont pas de connaissance sur nouvelles technologies ou tout simplement qui ne les maitrisent pas. Dans ce domaine, la recherche d'informations n'est pas toujours facile et transparente. Surtout en ce qui concerne les frais d'utilisation, les possibles recours ou encore les personnes à contacter en cas de problème.

L'utilisateur profane navigue finalement dans un « *Jumanji* »[223] virtuel, dont les règles du jeu ne sont pas clairement établies.

Toutes ces activités, ce nouvel écosystème ont des conséquences, aussi bien pour les divers acteurs que pour les États.

---

222 CJUE 3 oct. 2019, aff. C-208/18, Jana Petruchova c/ FIBO Group Holdings Limited.

223 Le terme « Jumanji » renvoie au jeu vidéo « Jumanji » qui est un jeu chaotique, dans la mesure où les règles sont très vagues et où les participants doivent se débrouiller et les trouver par eux-mêmes au fur et à mesure. *(V.* JONCHERE (E.), *Encadrement juridique des monnaies numériques : Bitcoin et autres Cryptomonnaies, op.cit., p.131.)*

Chapitre II.

Les conséquences de l'émergence d'un « crypto-écosystème »

La naissance du protocole « blockchain » et le développement d'un éventail de crypto-actifs a permis la création d'un véritable « *Internet de la valeur* »[224]. Pour les utilisateurs et les usagers de ces valeurs, l'écosystème créé par les crypto-actifs est dynamique et plein d'opportunités. Cet engouement massif et rapide envers ces crypto-actifs à plusieurs conséquences aussi bien pour les acteurs que pour les États. Des conséquences fiscales car, à ce jour les 2 500 crypto-monnaies en circulation ont une valeur totale qui avoisine les 127/milliards de dollars[225]. De telles sommes échappent totalement au contrôle fiscal des États et du législateur UMOA. Mais aussi des conséquences pénales car, l'engouement, et la forte capitalisation des crypto-actifs, ont entrainé la création d'une nouvelle forme de criminalité, propre aux activités et transactions sur blockchain. Elle se traduit à la fois par l'exploitation criminelle de failles de conception des crypto-actifs, par des escroqueries aux investisseurs ainsi que par l'utilisation de crypto-actifs pour les paiements de « *ransomwares* » ou "*rançongiciel*"[226]. En

224 GENSOLLEN (M.), « La création de valeur sur Internet », *Réseaux. Communication - Technologie – Société [en ligne]*, p.21.

225 *Idem.*

226 C'est un type de *malware* (logiciel malveillant) qui empêche les utilisateurs d'accéder à leur système ou à leurs fichiers personnels et exige le paiement d'une rançon en échange du rétablissement de l'accès. (V. C., « RANSOMWARES : COMMENT ÇA MARCHE ? », *Compufirst [en ligne].).*

outre, la menace représentée par les crypto-actifs s'exprime aussi par leur utilisation à des fins illégales dans des schémas criminels tels que le financement du terrorisme, le blanchiment d'argent issu de la vente de produits et de services illégaux, d'escroquerie sur Internet de type « *phishing* » et de trafic de stupéfiants.

La réunion de tous ces éléments oblige le législateur UMOA à encadrer les conséquences fiscales **(SECTION 1)** et pénales qui découlent de l'usage et des activités générées par ces crypto-actifs **(SECTION 2)**.

SECTION I. LES CONSEQUENCES FISCALES

Bien que les débats sur la nature juridique des crypto-actifs battent leur plein, ces difficultés de qualification n'empêchent pas pour autant la fiscalité de s'appliquer. En effet, si le développement de ces nouvelles technologies remet en cause les définitions juridiques traditionnelles, le droit fiscal lui est pragmatique et ne se soucie que d'une chose : la taxation des profits issus de l'usage des crypto-actifs. Comme nous l'avons vu précédemment, les activités issues de l'usage de ces crypto-actifs ont pour conséquence d'être sources de gains ou pertes importantes, aussi bien pour les personnes physiques que morales. Tout enrichissement doit être imposé, et le droit fiscal prend en compte aussi bien les échanges, les pertes, les gains, les dons, les paiements que les investissements [227]. Néanmoins, les défis fiscaux auxquels est confronté le législateur sont grands. Il devra entre autres tenter de répondre à comment taxer l'économie digitale ? Comment adapter les techniques de contrôle fiscal ? Comment

227 SADOWSKY (M.), « La fiscalité directe des crypto-monnaies en droit comparé », *Revue Internationale des services financiers[en ligne]*, p.33-34.

former les agents de l'administration fiscale ? Comment limiter l'utilisation de la crypto-actifs à des fins de fraude?

L'émergence du « crypto-écosystème », entraine l'apparition de problèmetiques fiscaux classiques, propres (§ 1) mais aussi de situations plus complexes et techniques, telles que la fraude fiscale (§ 2).

§ 1. Les problemes fiscaux classiques

Les diverseses activités faisant intervenir le bitcoin (A) ainsi que celles faisant intervenir les jetons utilitaires, ne peuvent échapper à l'impôt (B).

A. La fiscalité des activités en bitcoin

Pour un crypto-actif, le premier fait générateur de l'impôt possible est sa création. Les crypto-actifs peuvent être créés dans le cadre d'un processus de minage (par des récompenses selon un protocole de preuve de travail), de distributions gratuites initiales (« *airdrop* »[228]) ou d'une offre initiale de jetons (ICO). La création d'une nouvelle unité de crypto-actifs par minage peut théoriquement constituer un fait générateur de l'impôt lorsque le mineur acquiert l'unité, mais ce n'est pas le cas dans de nombreux

---

228 L' « a*irdrop* » est une stratégie marketing adoptée par les startups crypto pour promouvoir le projet et leur nouveau token. Il s'agit de distribuer gratuitement leurs crypto-monnaies natives aux utilisateurs actuels ou potentiels. Parfois, les utilisateurs doivent effectuer des activités promotionnelles simples avant de pouvoir les réclamer, comme suivre le compte de réseaux sociaux du projet et partager leurs publications. Il existe différents types d' « a*irdrops* », et chaque projet de crypto-monnaie a ses propres exigences. Mais la plupart des « a*irdrops* » partagent le même objectif : accroître la sensibilisation et l'intérêt général pour le projet. (V. « Qu'est-ce qu'un airdrop crypto ? », *Binance Academy [en ligne]*).

pays. En outre, la cession d'une monnaie virtuelle est normalement considérée comme un fait générateur de l'impôt. Dans les circonstances où l'acquisition d'une nouvelle unité de crypto-actifs n'est pas considérée comme un fait générateur de l'impôt, le premier fait générateur de l'impôt sera alors la cession de cette nouvelle unité. La plupart du temps, les pays considèrent l'acquisition d'une unité de crypto-actif obtenue par minage comme le premier fait générateur de l'impôt, mais nombreux sont les répondants à avoir indiqué qu'aucun impôt n'est exigible avant la cession de l'actif. Enfin, plusieurs pays ont fait savoir que le premier fait générateur de l'impôt peut différer selon que le minage a lieu à des fins commerciales (ou habituelles) ou pour un usage personnel (ou occasionnel)[229]. La cession d'une monnaie virtuelle peut également être un fait générateur de l'impôt. Elle peut avoir lieu moyennant une contrepartie – notamment dans le cadre d'un échange contre une monnaie fiduciaire, une autre monnaie virtuelle ou un actif numérique, ou encore un bien ou un service - ou dans des circonstances où il n'y a pas d'échange de valeur ni de contrepartie - notamment par don, héritage, perte ou vol[230].

Au niveau du principe de territorialité de l'impôt, sont imposables « *les personnes physiques étrangères qui ont au Togo leur domicile fiscal à raison de l'ensemble de leurs revenus qu'ils soient de source togolaise ou de source étrangère.*[231] ».

229 JONCHERE (E.), *Encadrement juridique des monnaies numériques : Bitcoin et autres Cryptomonnaies*, *op.cit*., p.110.

230 MICHAUD (P.), «Établissement stable virtuel et numérique : Ou allons-nous ? », *Études fiscales internationales [en ligne],* p.8.

231 Loi n°2018-024, portant Code général des impôts, Article 2.

Mais, la dématérialisation des services pose la question du lieu où sont créés les revenus, remettant en question le principe fiscal togolais de territorialité de l'impôt.

Il sera donc nécessaire, pour les pays UMOA, de mettre en place en matière de bitcoin une fiscalité communautaire, à défaut d'international, afin de prendre compte le caractère planétaire de ces activités.

Comment s'exercera cette imposition ?

Selon l'arrêt du Conseil d'État n°417809 du 28 avril 2018[232], la cession de crypto-actifs est susceptible de relever de trois régimes d'imposition différents : celui des Bénéfices Industriels Et Commerciaux (BIC) pour les opérations réalisées à titre habituel, celui des Bénéfices Non Commerciaux (BNC) pour les gains issus d'une activité de « minage » et celui des plus-values sur biens meubles (PVBM) pour les opérations occasionnelles. Les opérations d'échange d'actifs numériques sans soulte, c'est-à-dire les opérations ne se traduisants pas par la perception par le cédant de monnaies ayant un cours légal, ne sont pas taxées[233]. De même, les simples échanges de crypto-actifs contre un autre crypto-actif (par exemple l'échange de bitcoins contre des éthers) ou contre un jeton numérique (souscription à une ICO par la remise de crypto-actifs) constitue une simple opération intercalaire non imposable. Ce caractère intercalaire des échanges de crypto-actifs, amène à se demander qu'elle sera l'assiette de la plus-value imposable.

Au niveau de la méthode de calcul des plus-values, plusieurs caractéristiques vont être prises en compte, notamment celles visant à déterminer le caractère habituel

232 Conseil d'État n°417809 du 28 avril 2018.

233 JONCHERE (E.), *Encadrement juridique des monnaies numériques : Bitcoin et autres Cryptomonnaies*, *op.cit.*, pp.95-99.

ou non de l'activité, du contribuable lié aux crypto-actifs. Pour déterminer ces caractéristiques, trois critères cumulatifs peuvent être pris en compte. Le premier est relatif à l'importance et au caractère professionnel des moyens employés dans le cadre de cette activité. C'est un critère important, car permettant de limiter la reconnaissance du caractère habituel aux contribuables se livrant à des opérations d'une certaine intensité, utilisant des techniques d'investissement complexes, et du matériel de qualité professionnelle spécialement dédié à l'investissement dans les actifs numériques. Par ailleurs, ces opérateurs habituels se distinguent par leurs connaissances avancées sur les activités de trading en général[234]. Le second critère est le nombre et la fréquence des acquisitions et des cessions de crypto-actifs contre des monnaies fiats.

Ce second critère se justifie par le fait que les règles d'imposition des opérations habituelles ne doivent être applicables qu'aux opérateurs ayant une volonté de mobiliser régulièrement leurs investissements, ce qui suppose la perception de monnaie fiat. Enfin, le dernier critère touche à la prépondérance du montant annuel du revenu imposable (c'est-à-dire du revenu matérialisé par la perception par le contribuable de monnaies fiats) par rapport à ses autres revenus d'activité[235]. Ce critère permettrait de ne viser, au titre des opérateurs habituels, que les contribuables dont le revenu lié aux actifs numériques constitue la principale source de revenu.

À ce titre, le caractère habituel d'une activité d'achat d'actifs numériques en vue de leur revente ne pourrait être reconnu aux contribuables dont le revenu lié aux actifs

---

234*Ibid.*, pp.139-142.

235 *Idem.*

numériques représenterait moins de 50% de leur revenu fiscal de référence[236].

Pour ce qui est relatif aux règles d'imposition les principes dégagés par l'arrêt du Conseil d'État du 26 avril 2018 [237], aboutissent à une imposition des opérateurs habituels soit selon les règles des bénéfices industriels et commerciaux soit selon les règles de bénéfices non-commerciaux, dans le cas où les crypto-actifs seraient perçus constituent la rémunération d'une activité de minage. Cette dichotomie peut être source de complexité, il serait donc judicieux que le législateur togolais et UMOA, essayent de retenir une catégorie d'imposition unique pour tous les types de revenus susceptibles d'être acquis lors des activités de minage ou des activités d'achat-revente d'actifs numériques exercées à titre habituel, sans distinction.

Qu'en est-il de la fiscalité des jetons dans le cadre d'une ICO.

B. La fiscalité des activités utilisant des jetons

Pour la CJUE, « *les opérations d'échange de devises traditionnelles contre des unités de la devise virtuelle « bitcoin » (et inversement) constituent des prestations de services fournies à titre onéreux au sens de la directive TVA* »[238].Une opération d'ICO faisant intervenir la plupart

---

236 *Idem.*

237 Conseil d'État, 8ème - 3ème chambres réunies, 26/04/2018, n°417809.

238 CJUE, Cour, 22 octobre 2015, n°C-264/14, (Aff. Skatteverket/David Hedqvist) .

du temps un émetteur et un souscripteur tout deux imposables.

Le régime de TVA applicable à l'ICO va varier selon la nature des jetons émis. Pour déterminer le régime de TVA applicable à une opération, il conviendra de rechercher s'il existe un lien direct, c'est-à-dire si l'opération procure un avantage au client et si la somme versée est en relation avec la contrepartie à obtenir. Aussi, les sommes perçues dans le cadre d'ICO's pour lesquelles le souscripteur disposerait de jetons ne donnant lieu à aucune contrepartie sont considérées comme étant en dehors du champ d'application de la TVA.

A contrario, si le jeton remis en contrepartie des fonds versés ouvre droit à une contrepartie, le régime de TVA devra être appréhendé en fonction de la nature des contreparties offertes[239].

Au niveau de l'exigibilité de la TVA, il convient d'examiner si les jetons émis relèvent de la catégorie de bons à usage unique[240], dans ce cas la TVA sera due par l'émetteur dès l'encaissement des sommes reçues en contrepartie des jetons émis, sous réserve des règles de territorialité de la TVA.

Maintenant si le jeton relève de la catégorie des bons à usages multiples[241] , l'exigibilité de la TVA sera décalée à la remise du jeton en contrepartie des biens ou services obtenus, sous réserve des règles de territorialité de la TVA

---

239 PAILER (P.), « La fiscalité des crypto-actifs et des ICO », *Revue Internationale des services financiers[en ligne]*, p.5-10.

240 *Idem.*

241 Le « "bon à usage unique", est un bon pour lequel le lieu de la livraison des biens ou de la prestation des services à laquelle le bon se rapporte et la TVA due sur ces biens ou services sont connus au moment de l'émission du bon. (V. *Idem).*

et pour autant que l'opération ne bénéficie pas d'une exonération.

Qu'en sera-t-il dans le cas des souscripteurs ?

Dans le cas du souscripteur, l'imposition ne se fait pas par rapport à la nature du jeton, mais par rapport à la qualité du souscripteur. Est-il un souscripteur assujetti revendeur ou bien un souscripteur assujetti utilisateur, le souscripteur non assujetti à la TVA n'étant par nature pas concerné par la TVA.

Dans le premier cas, le régime de TVA applicable au souscripteur revendeur dépendra de la nature du jeton acquis. Si ce dernier relève de la catégorie des bons à usage unique, l'assujetti nous semble fondé à récupérer la TVA, grevant l'acquisition du jeton dans les conditions de droit commun[242]. De même, la revente du jeton devrait être passible de TVA pour autant que l'opération soit territorialement imposable en France et non couverte par une exonération de TVA[243].

En revanche, si l'opération d'achat revente porte sur un jeton qualifiable de bon à usages multiples, aucune TVA ne sera récupérable au titre de l'acquisition du bon, de même que pour la revente du bon qui devra ne pas être passible de TVA.

La fiscalité des crypto-actifs a fait l'objet de plus de documentations, d'écrits que tous les autres aspects que ces derniers peuvent présenter. Cette abondance de documentation, reflète l'importance des activités en crypto-actifs dans le patrimoine des particuliers et montre la technique plus ou moins hypocrite des États qui d'un

242 OCDE. *Fiscalité des monnaies virtuelles : Panorama des traitements fiscaux et des sujets émergents de politique fiscale*, *op.cit.*, p.15.

243 *Idem.* p.30.

côté ne veulent pas consacrer légalement ces crypto-actifs, mais qui de l'autre veulent tirer des bénéfices des activités découlant de ceux-ci. Cette véritable mine d'or ne saurait donc échapper aux prérogatives régaliennes de l'État de même que les répercussions pénales que l'usage de ces derniers peut avoir.

§ 2. L'ÉVASION FISCALE, CONSÉQUENCE DE L'ÉMERGENCE D'UN « CRYPTO-ÉCOSYSTÈME »

Plus la valeur économique des crypto-actifs est élevée, plus les techniques d'évitement fiscal sont convoitées. Cette nouvelle technologie est utilisée pour dissimuler des actifs, des revenus ou des transactions financières et donc pour éroder la base taxable ou faciliter le transfert de bénéfices.

Constituant aujourd'hui un outil d'évasion fiscale qui défie les administrations fiscales de tout pays (A) qui oblige les administrations fiscales et les États du monde entier à trouver de nouveaux moyens de lutte (B).

A. Les crypto-actifs outils d'évasion fiscale

Bien que l'évasion fiscale ne soit ni définit par le CMF, ni par l'Office togolais des recettes (OTR), cette derniere consiste « *à abuser des failles d'un système fiscal dépassé car il ne correspond plus à la réalité du monde économique d'aujourd'hui.* ». De manniere plus glovale, l'évasion fiscale consiste juste à profiter du flou juridique entraîné par les changements profonds que connait au quotidien l'économie mondiale[244] .Ce flou rest d'autant

---

244 Elle recouvre l'ensemble des comportements des particuliers ou des entreprises qui visent à réduire le montant des impôts dont ils doivent normalement s'acquitter via des montages sans véritable

plus accentuée avec l'apparition des crypto-actifs, qui apparaissent à ce jour comme l'outil idéal pour créer des activités illicites, essentiellement parce que les transactions qu'elles impliquent présentent la caractéristique d'être anonyme[245]. Ce qui emmène certains auteurs, à considérer les crypto-actifs comme un « super paradis fiscal »[246].

En effet, grâce à cet anonymat les utilisateurs peuvent créer plusieurs portefeuilles dématérialisés pour acheter, exploiter ou échanger des bitcoins sans donner d'informations relatives à leurs identifications, recréant en quelque sorte les mêmes obstacles que ceux posés par le secret bancaire. Cette situation rendant difficile voire impossible pour l'administration fiscale tout suivit, sauf en cas de déclaration volontaire de la part d'un fournisseur de services qui aurait accepté le paiement en bitcoins.

En matière d'investissement, des montages tout aussi sophistiqués apparaissent par le biais d'ICO « *offshore* ».Ces dernières ont pour but de réduire l'imposition.Le schéma est souvent celui d'un émetteur qui

---

substance économique justifiant ces comportements. C'est le cas lorsque des particuliers ou des entreprises délocalisent artificiellement leurs revenus ou leurs bénéfices dans un pays différent de celui où ils ont leurs activités économiques, et où les taux d'imposition sont très faibles, voire nuls comme dans les « paradis fiscaux ».(V. « Évasion fiscale : définition, conséquences et solutions»,*OXAM [en ligne]*,août 2021.)

245 MARIAN (O.), "Are Cryptocurrencies 'Super' Tax Havens?" *Michigan Law Review*, 38p.

246 SADOWSKY (M.), « La fiscalité directe des crypto-monnaies en droit comparé », *Revue Internationale des services financiers [en ligne]*, p.41.

utilise des sociétés étrangères pour émettre des jetons dans un ICO « *offshore* », afin de réduire l'impact fiscal[247].

Face à de telles pratiques, quels sont les moyens de lutte ?

B. Modalités de lutte contre l'évasion fiscale à l'aide de crypto-actifs

La lutte contre l'évasion fiscale se joue sur divers terrains, nationaux, communautaires et internationaux. Le principal défi pour les administrations fiscales étant de réussir à se doter de moyens efficaces pour assurer une imposition effective[248].

L'OTR devra alors renforcer ses règles déclaratives afin d'exercer un meilleur contrôle. Pour cela, elle pourra suivre l'exemple de la France, qui dans son projet de loi de finances de 2019 a contraint les personnes physiques, les associations et les sociétés n'ayant pas la forme commerciale à déclarer les références de leurs comptes de crypto-actifs ouverts, détenus, utilisés ou clos auprès d'entités établies à l'étranger[249]. L'absence de respect de cette obligation déclarative est sanctionnée par une

247 SADOWSKY (M.), « La fiscalité directe des crypto-monnaies en droit comparé », *Revue Internationale des services financiers[en ligne], op.cit.*, p.35.

248 *Idem.*

249 Décret n° 2019-656 du 27 juin 2019 relatif aux obligations déclaratives incombant aux redevables personnes physiques réalisant, directement ou par personnes interposées, à titre occasionnel, des cessions d'actifs numériques en application du B du V de l'article 150 VH bis du code général des impôts ainsi qu'aux détenteurs de comptes d'actifs numériques ouverts dans des établissements situés à l'étranger en application du dernier alinéa de l'article 1649 bis C du code général des impôts

amende dont le montant varie en fonction de la gravité des faits commis [250] . L'OTR, pourra aussi s'inspirer de l'administration fiscale australienne, qui oblige les plateformes d'échanges, à enregistrer toutes leurs transactions, peu importe que les crypto-actifs aient été utilisés à des fins privée, professionnelle ou d'investissement. Ces plateformes doivent réaliser un enregistrement, qui précise pour chaque opération : la date, la valeur de la crypto-monnaie en dollars australiens au moment de la transaction, le type de transaction et les personnes impliquées[251].

L'OTR devra aussi jouer la stratégie, en autorisant uniquement les transactions et activités sur une blockchain publique. En effet, ces blockchain contrairement à celles privées sont totalement transparentes. Elles sont ouvertes à tous et toutes les transactions effectuées entre les utilisateurs sont enregistrées et accessibles à tout le le monde.Alors que les chaines privées limitent l'accès à un certain nombre de participants, leur offrant ainsi une plus grande confidentialité. Il est évident que ce modèle des chaines publiques permettra de réduire substantiellement la fraude[252].

Sur le plan communautaire, une coopération fiscale s'avère nécessaire entre pays membres de l'espace UMOA. Cette coopération implique entre autres une meilleure formation des agents (avec la création de forces spéciales dans la technologie blockchain et les crypto-

---

250 *Idem.*

251 OCDE. *Fiscalité des monnaies virtuelles : Panorama des traitements fiscaux et des sujets émergents de politique fiscale, op.cit.,* p.25.

252 DUHOT (A.) et TAILFER (A.), « Les applications de la blockchain, la fiscalité et l'administration fiscale.», *Village de Justice (en ligne).*

actifs), un renforcement des systèmes d'échanges d'informations et la diffusion obligatoire de ces informations entre pays membres[253].

Par exemple, les États membres de l'espace UMOA pourront s'inspirer des États-Unis, de l'Angleterre, de l'Australie, du Canada et des Pays-Bas qui ont décidé de créer des unités spéciales pour lutter contre l'évasion fiscale et la fraude. Ces derniers, ont fait cause commune en créant une organisation multinationale dénommée « *Joint Chiefs of Global Tax Enforcement* » (ou J5 pour les 5 pays qu'elle regroupe)[254]. Le but de cette organisation est la lutte contre les crimes fiscaux transnationaux et le blanchiment d'argent grâce à une aux partages des informations mais, aussi la mise en place de procédures collectives d'encadrement[255].

Pour ce qui est de la formation d'agents compétents, le législateur UMOA devrait s'inspirer des États-Unis, qui depuis 2002 ont mis en place un bureau spécifique aux crypto-actifs et à la technologie blockchain. Ce bureau est rattaché au département du Trésor américain (*Financial Crimes Enforcement Network –/FinCEN*), et a pour mission de collecter et d'analyser les informations relatives aux transactions financières sur crypto-actifs, afin de lutter contre le blanchiment d'argent, le financement du terrorisme et autres crimes financiers réalisables sur blockchain[256].

---

253 SADOWSKY (M.), « La fiscalité directe des crypto-monnaies en droit comparé », *Revue Internationale des services financiers[en ligne], op.cit.*, p.41.

254 FI., «Premier bilan positif pour le Joint Chiefs of Global Tax Enforcement », *Finance et Investissement*.

255 REUTERS (S.), « "FinCEN Files « Les banques mondiales mises en cause dans la circulation d'argent sale-presse », *Reuters [en ligne].*

256 *Idem.*

Il ressort de cette analyse, qu'encadrer fiscalement les crypto actifs est possible, mais nécessitera du temps et surtout un engagement aussi bien national, que communautaire. Néanmoins, comme nous avons pu le voir tout au long de cette analyse, au-delà de répercussions fiscales, l'émergence de ce « crypto-écosystème » a surtout des répercussions pénales, qu'il convient d'analyser en profondeur.

SECTION II. LES CONSEQUENCES PENALES

L'anonymat et la traçabilité limitée des transactions aux moyens des crypto-actifs attisent les convoitises des esprits criminels. En effet, avec l'anonymat et la traçabilité limitée qui caractérisent activités effectuées sur blockchain, nous assistons aujourd'hui à une prolifération d'une crypto-criminalité.

Or, les caractéristiques des crypto-actifs et de la technologie blockchain sur laquelle ils reposent rendent difficile l'incrimination de certains comportements au regard du droit pénal en vigueur. Que faut-il faire ? Quelles sont les mesures qui devront être mises en place par le Togo, les pays membres de l'espace UMOA et le législateur UMOA lui-même, pour encadrer cette crypto-criminalité ?

Pour pouvoir répondre à toutes ces questions et proposer un encadrement adéquat, il est nécessaire de subdiviser la crypto-criminalité, en deux catégories d'infraction. Il y a celles qui peuvent affecter les personnes physiques, morales ainsi que leur patrimoine (§1) et celles qui affectent les États (§2).

§ 1. LES INFRACTIONS CLASSIQUES

L'apparition d'une crypto-criminalité, peut affecter les consommateurs et leurs patrimoines de manière directe (A) mais aussi indirecte à travers les plateformes que ces derniers utilisent(B).

A. Les infractions directes

En matière de crypto-criminalité deux infractions peuvent affecter directement le patrimoine des usagers. Il y a le vol et l'escroquerie sous ses diverses formes.

L'article 414 du Code pénal togolais, dispose que « *Quiconque soustrait frauduleusement une chose qui ne lui appartient pas est coupable de vol.* [257]»L'alinéa 2 de l'article 10 de la Loi du 9 décembre 2018 sur la cyber sécurité et la lutte contre la cybercriminalité définit aussi le vol comme la soustraction de «*données pour son usage personnel ou pour les céder à un tiers, à titre onéreux ou gratuit ;* »[258].Il ressort de la lecture de ces définitions que le vol nécessite en principe, la soustraction d'un bien matériel.

Or, dans le cas d'un vol de crypto-actifs, la principale difficulté portera sur l'absence d esupport matériel, du bien volé. Au Togo, l'article 19 de la Loi du 9 décembre 2018 sur la cyber sécurité et la lutte contre la cybercriminalité du même texte, prévoit que « *la soustraction frauduleuse d'informations ou de données au préjudice d'autrui et assimilés au vol et puni conformément aux peines prévues*

257 Code pénal togolais, Article 414.

258 Loi du 9 décembre 2018 sur la cyber sécurité et la lutte contre la cybercriminalité, Article 10.

par le code pénal. [259] ». De même sur le plan communautaire, la Directive du 19 août 2011 de la CEDEAO portant sur la cybercriminalité, y a répondu, en consacrant en son article 25 l'infraction de vol de données informatiques.

Même le législateur français, a consacré en 2015 cette possibilité de vol d'un bien dématérialisé, dans une décision de la Chambre criminelle. Dans cette décision la chambre criminelle, s'est interrogée sur la qualification de vol pour une soustraction frauduleuse de contenu informationnel sans support[260].

Pour ce qui est de l'infraction d'escroquerie, l'article 448 du Code pénal togolais dispose que le fait pour une personne « *soit par l'usage d'un faux nom ou d'une fausse qualité, soit par l'abus d'une qualité vraie, soit par l'emploi de manœuvres frauduleuses, de tromper une personne physique ou morale et de la déterminer ainsi à son préjudice ou au préjudice d'un tiers, à remettre des fonds, des valeurs ou un bien quelconque, à fournir un service ou à consentir un acte opérant obligation ou décharge*[261] ». Cette infraction est souvent constatée en matière d'ICO's.

---

259 Loi du 9 décembre 2018 sur la cyber sécurité et la lutte contre la cybercriminalité, Article 19.

260 Cass.crim., 20 mai 2015, n°14-81.336, En l'espèce un hacker s'était introduit sur le serveur de l'Agence nationale de sécurité sanitaire de l'alimentation, de l'environnement et du travail (ANSES) et avait téléchargé des données figurants sur le site. La chambre criminelle, a approuvé la décision de la cour d'appel qui a retenu la qualification de vol, pour le téléchargement de données figurant sur le site. En effet. La Chambre criminelle estime que « le prévenu s'est maintenu dans un système de traitement automatisé après avoir découvert que celui-ci était protégé et à soustrait des données qu'il a utilisée sans le consentement de leur propriétaire. ».

261 Code Pénal Togolais Article 448.

Bien que cette méthode nouvelle de financement soit prometteuse, nombreux sont les cas où les créateurs d'une ICO sont des personnes malhonnêtes qui disparaissent avec les fonds récoltés[262]. Un autre scénario est le cas où les organisateurs d'une ICO ne portent pas le projet jusqu'à son aboutissement[263].Dans ce cas-ci, des fonds leur auront été remis mais, ne seront jamais restitués.

Parallèlement, à l'escroquerie « classique », il existe aussi une forme d'escroquerie portant sur les « données informatiques ». Cette dernière est prévue à l'article 25 de la directive de CEDEAO. En matière de crypto-actifs, ces escroqueries sont connues sous diverses appellations, telles que « SIMs swapping »[264], « *scam » ou* « 419 ». Il s'agit de techniques d'ingénierie sociale, qui consistent pour la plupart à exploiter non pas une défaillance informatique mais une faille humaine pour soutirer des informations personnelles des internautes en leur

---

262 BENKIRANE (R.), *Le phénomène des Initial Coin Offerings, nouveau modèle financier ?- Approche juridique des émissions de jetons numériques [en ligne], op.cit.,*p.28.

263*Idem.*

264 Le « *SIMs swapping* », est une arnaque qui consiste à se fait passer pour le propriétaire de la carte S TEAM. Auprès de l'opérateur prétendant une perte ou un vol afin de convaincre le service client d'activer le numéro sur la carte Sim que le pirate possède. Ce dernier utilise les informations personnelles de la victime qu'il a pu trouver sur internet ou par d'autres moyens. Le signe, soit ping permet de récupérer les SMS de sécurité Et donc de détourner les procédures de double authentification mises en place par les différents services de conservation des crypto actifs. De nombreux détenteurs de crypto-actifs ont été victimes de vols par Sim Scraping pour des montants allant de centaines de milliers de dollars à plusieurs 1000000 euros. (V. ALERT., « Alert – how you can be scammed by a method called SIM Splitting", *Actions [en ligne].*)

envoyant, par exemple un courrier électronique, en se faisant passer pour fournisseurs de services[265].

Force est de constater, qu'en matière de vol de crypto-actifs et d'escroquerie le législateur UMOA dispose d'une palette de textes lui permettant d'envisager et d'encadrer ces infractions.

Ces textes restent toutefois limités, face au caractère anonyme et transnational de cette infraction car, bien qu'il y ait des textes, prévoyant cette infraction, il faut encore trouver contre qui diriger les poursuites. Ces textes, précités ne prennent pas en compte toutes les caractéristiques des crypto-actifs ainsi que le caractère complexe de la technologie avec laquelle les infractions sont réalisées. Par exemple, si un vol a été commis par un individu non-identifié, non identifiable vivant au Salvador, que pourront faire les législateurs togolais et UMOA ? Ou encore, si une société taïwanaise, lançait une ICO durant laquelle elle réceptionne des fonds des investisseurs togolais, mais ne leurs transfèrent pas de jetons utilitaires en échange, que pourra faire le législateur togolais. Finalement, bien que les textes nationaux et communautaires abordent de manière explicite les infractions, qui pourraient se passer sur l'Internet, il reste quand même insuffisants, pour faire face aux spécificités des infractions commises sur ou à l'aides de la blockchain, ou l'anonymat, la décentralisation et l'absence de frontière, génère une forme d'infraction plus modernes et techniques.

Face à ces risques, une stratégie doit être mise en place. Il serait judicieux de mettre un certain nombre de mesures afin de contourner ou du moins affaiblir l'anonymat des

265 TOURE (A.), La cybercriminalité dans les législations communautaires intégrées en Afrique, *OHADA [en ligne]*, p.15.

utilisateurs de crypto-actifs, notamment par l'instauration d'une part, d'une obligation de prise d'identité lors de l'ouverture d'un compte en crypto-actif et d'autre part une obligation de déclaration des comptes de crypto-actifs. Il faudra aussi faire développer des outils permettant la connaissance et le suivi de ces comptes, au moins au-delà d'un certain montant [266] .Ensuite, pour encadrer sans restreindre, le législateur UMOA pourra autoriser l'usage des crypto-actifs en tant que méthode de paiement anonyme, tout en plafonnant strictement les montants susceptibles d'être réglés par ce biais [267] . Enfin, les législateurs togolais et UMOA devront mettre en place un certain nombre de partenariats internationaux, afin d'assurer la circulation d'informations, qui permettront la réalisation effective des poursuites.

Outre ces infractions, qui affectent directement les usagers, d'autres au contraire, vont premièrement affecter les services utilisés par les consommateurs, leur causant par ricochet un certain nombre de préjudices.

B. Les infractions indirectes

Certaines pratiques se développent du fait de l'absence de régulation de certaines plateformes. On peut citer le « *Wash Trading* », cette forme de manipulation consiste à vendre et à acheter la même devise simultanément[268]. L'objectif poursuivi est de donner l'illusion d'une demande

---

266 « L'ENCADREMENT DES MONNAIES VIRTUELLES, Recommandations visant à prévenir leurs usages à des fins frauduleuses ou de blanchiment », *Groupe de travail « Monnaies virtuelles » [en ligne]*, p.8-10.

267 *Idem.*

268 Le vocabulaire du crypto-trader, *bitcoin.fr [en ligne]*.

imaginaire pour cette devise ou crypto-actif. Ainsi, les potentiels investisseurs vont se positionner sur une devise ou un crypto-actif, croyant déceler un argument qui est en réalité faux. Une fois le cours suffisamment haut, l'escroc revend ces crypto-actifs et empoche une plus-value, tandis que les autres investisseurs perdent leur mise[269].

Outre cette pratique, il y a aussi celle du « *spoof trading* », qui est définie quant à elle comme « *une manipulation visant à offrir un actif à la vente ou à l'achat dans l'intention d'annuler l'ordre juste avant qu'il ne soit exécuté, afin de dépeindre une fausse dynamique de marché, de faire foi, de liquidités et d'obtenir un mouvement favorable des prix* »[270].

Enfin, il y a la pratique dite du « *pump-and-dump* », qui consiste à acheter une énorme quantité de crypto-actif afin que le cours de celui-ci gonfle artificiellement dans le but de créer autour de cette bulle spéculative. C'est-ce qu'on appelle un sentiment « *Fomo* » [271] , ce dernier est un mécanisme psychologique qui se résume à la crainte pour un investisseur de passer à côté d'une opportunité lorsque le cours d'un crypto-actif commence à monter. Une fois que le cours est suffisamment haut, le « pump » peut se transformer en « dump » et revend la totalité de ses actifs avant les autres, afin d'en tirer un maximum de bénéfices sur les marchés réguliers en raison de la transparence, ces pratiques ne peuvent prospérer.Ces infractions citées précédemment, sont très techniques et psychologiques, et visent à affecter premièrement la technologie (en

---

269LEGEAIS (D.), *Blockchain et actifs numériques*, *op.cit.*, p.210.

270 JONCHERE (E.), *Encadrement juridique des monnaies numériques : Bitcoin et autres Cryptomonnaies*, *op.cit.*, p.165.

271 « *Fear of missing out*» en français, « La peur de manquer quelque chose ».

l'occurrence les plateformes) et par ricochet les usagers. Elles peuvent donc être considérées comme des « atteintes à l'intégrité des systèmes informatiques ».

Cette infraction, est prévue par l'article 6 de la directive de la CEDEAO du 19 août 2021 et par l'article 5 du projet de loi type CEMAC/CEEAC sur la cybercriminalité. Ces textes érigent en infraction le fait pour toute personne d'entraver de tenter d'entraver ou de fausser le fonctionnement d'un système informatique. En droit togolais, c'est l'article 10 de la Loi du 9 décembre 2018 sur la cyber sécurité et la lutte contre la cybercriminalité englobe cette infraction. Ici, les législateurs protègent surtout les systèmes, contre les infections informatiques destinés à perturber le fonctionnement ou à détruire les éléments indispensables à leur fonctionnement normal.

Pour y remédier et tenter d'encadrer ces pratiques, il serait judicieux de créer et de mettre en place un ou des organes de surveillance et de régulation de ces plateformes, comme il en existe pour les marchés boursiers.

Au-delà de ces infractions, « mineures » car limitées à un groupe d'individus, d'autres infractions plus graves qui mettent en jeu la stabilité des États, doivent aussi être prises en compte lors de l'encadrement de la crypto-criminalité.

§ 2. Particularités des infractions en matière de blockchain

À la suite de la mise en place d'un contrôle strict des mouvements bancaires, les organisations criminelles et terroristes ont développé divers autres moyens, afin de contourner toutes ces contraintes. L'utilisation des crypto-actifs à des fins criminelles de ce genre, est donc une aubaine pour ces derniers.

Mais comment encadrer le blanchiment d'argent (A) et le financement du terrorisme face à une technologie non seulement complexe mais surtout qui a été créé avec pour objectif principal, la suppression de l'intervention des banques ou institutions financières (B).

A. Le blanchiment d'argent

L'infraction de blanchiment d'argent ou de capitaux, est « *le fait de permettre, par tout moyen, la justification mensongère de l'origine des biens et revenus de l'auteur d'un crime ou d'un délit ayant procuré à celui-ci un profit direct ou indirect. Le blanchiment est également le fait : 1) de concourir à une opération permettant la dissimulation ou la conversion du produit direct ou indirect d'un crime ou d'un délit ; 2) d'acquérir, de détenir ou d'utiliser des biens et ressources sachant qu'ils proviennent, directement ou indirectement, d'un crime ou d'un délit* »[272].

En matière de crypto-actifs, cela est d'autant plus facile, car dans la pratique, une fois la transaction effectuée et enregistrée, la traçabilité des avoirs devient compliquée, puisque le système permet aux membres d'interagir anonymement – contrairement aux opérations bancaires – et n'identifie pas la provenance criminelle des fonds ou leurs adresses[273].

Le blanchiment d'argent est principalement effectué par conversion de monnaies officielles en crypto-actifs ou par

---

272 Code pénal togolais, Article 895.

273 LEGEAIS (D.), *Blockchain et actifs numériques*, *op.cit.*, pp.207-208.

« *phishing* »[274]. La première méthode consiste à convertir des fonds en crypto-actifs pour en dissimuler la provenance criminelle. En cas de revente ultérieure des biens acquis par ce biais, les chances d'établir un lien direct avec l'origine criminelle des fonds sont quasi nulles.

La seconde méthode, est celle de l'hameçonnage (ou « *phishing* »), est une technique frauduleuse utilisée pour obtenir les informations d'accès aux comptes bancaires des utilisateurs d'internet[275]. En pratique, un acheteur et un vendeur s'accordent sur une transaction en monnaie virtuelle, le paiement présumé de l'acheteur sera ensuite crédité au compte du vendeur. [276] Puis, après la confirmation de la réception de l'argent, les crypto-actifs sont débloqués et transférés au vendeur[277].

Comment encadrer et sanctionner ces infractions ?

Il faut savoir que l'avènement des crypto-actifs, a affaibli la lutte contre le blanchiment des capitaux. En effet, compte tenu de la modernité et de la complexité du système sur lesquelles ces crypto-actifs reposent, il existe

---

274 L'hameçonnage (ou « *phishing* ») est une technique frauduleuse qui consiste à voler des données d'utilisateur comme des identifiants de connexion, des informations de carte bancaire, voire de l'argent, en utilisant des méthodes d'ingénierie sociale. Ce type d'attaque est généralement lancé par messages électroniques, semblant provenir d'une source fiable, dont le but est de persuader l'utilisateur d'ouvrir une pièce jointe malveillante ou de cliquer sur une URL frauduleuse. Une forme ciblée d'hameçonnage appelée « *spearphishing* » s'appuie sur des recherches préalables concernant les victimes afin que l'arnaque semble plus authentique ; c'est pourquoi ce type d'attaque est l'une des plus efficaces sur les réseaux d'entreprises. (V. «What Is Phishing?».*Cisco science [en ligne]*.)

275 GODEL (T.), et TRAGLIA (M.), « Cryptomonnaies, blockchains: problèmes pénaux choisis», *Plaidoyer [en ligne]*, pp.28-34.

276 *Idem*.

277*Idem*.

des difficultés de qualification du blanchiment d'argent suite à la manipulation des crypto-actifs puisque d'une part il n'y a pas de centralisation et d'autre part cet argent et ses mouvements sont intraçables.

A ce jour, bien qu'un éventail de textes solides et complets existe pour lutter contre le blanchiment de capitaux et le financement du terrorisme, aussi bien en droit communautaire (UEMOA, CEMAC, CEDEAO) que national, ces derniers sont insuffisants face à des infractions commises sur blockchain.

En effet, ces textes ont été faits pour s'appliquer lorsqu'un tiers de confiance, en l'occurrence la banque, se chargeait des transactions monétaires. Face à des transactions réalisées, anonymement, et en dehors de tous systèmes bancaires et financiers légaux, les textes actuels ne permettent pas d'encadrer et de sanctionner de manière suffisante l'infraction de blanchiment dans le cadre d'activités liées à la blockchain. Il est donc nécessaire pour le législateur UMOA, de faire une refonte de ces derniers, afin de prendre en compte les enjeux et les spécificités techniques de la blockchain.

Dans cette optique, il serait judicieux, que le législateur UMOA s'inspire du dispositif de Lutte contre le blanchiment de capitaux et le financement du terrorisme (LCB/FT) français. Lequel soumet les prestataires de services d'échanges entre actifs numériques et monnaie ayant cours légal, les services de conversion d'actifs numériques pour le compte de tiers, ainsi que les activités d'échanges d'actifs numériques, de négociation d'actifs numériques, à un contrôle. Il faut ajouter que sont soumis au dispositif les émetteurs de jetons ayant obtenu le visa, mentionnée à l'article L. 552- 4 du CMF[278].

278 LEGEAIS (D.), *Blockchain et actifs numériques*, *op.cit.*, p.p.270

Le législateur UMOA lors de l'adoption d'un nouveau texte, devra par exemple prévoir une série d'obligations qui vont s'appliquer à ces prestataires de service, énumérées à l'article R.561-5 du CMF. Le professionnel devra ainsi identifier son client (distinction entre le client occasionnel et celui qui est en relation d'affaires). De cette qualification, le législateur togolais devra déterminer en fonction d'un montant prédéfinit si des soupçons de blanchiment peuvent peser sur l'individu en question.

Le législateur devra aussi dans ces dispositions, obliger le prestataire de services à recueillir des informations relatives à son client. Il est par exemple tenu d'un devoir de vigilance renforcée. Pour la mise en œuvre de ce devoir le professionnel devra s'appuyer sur « une matrice de risques ». Il doit tenir compte du montant des opérations, se demander si la personne est politiquement exposée, est-ce qu'il s'agit d'un secteur à risque, d'un pays à risque, il devra rechercher si la personne figure sur une liste de sanctions ou sur le registre des mesures de gel des avoirs, il devra aussi vérifier si elle n'a pas fait l'objet d'une déclaration de soupçons et enfin si elle n'a pas réalisé des opérations suspectes ou atypiques.

Qu'en est-il des opérations de financement de terrorisme ?

B. Le financement du terrorisme

Les phénomènes cybercriminels commis au moyen des technologies donnent une portée nouvelle au terrorisme et, plus généralement aux différentes atteintes aux intérêts des États. Définit comme « *le fait de fournir ou de réunir des fonds susceptibles d'être utilisés pour commettre un acte terroriste* »[279], le financement du terrorisme est une infraction particulièrement encadrée par les banques.[280] .Toutefois, l'intervention de ces dernières devient plus compliquée quand on y mêle les crypto-actifs et surtout la blockchain.

En effet, les crypto-actifs, par leur mode de fonctionnement, se trouvent plus difficiles à gérer ou contrôler. Ils sont donc perçus comme un danger qui pourrait faciliter la commission des infractions en droit pénale. La blockchain offre des avantages dans ce cadre, dans la mesure où les transactions seront effectuées de pair à pair c'est-à-dire entre deux personnes directement sans intervention d'un intermédiaire et le tout de manière totalement anonyme. Sans oublier que l'usage de plateformes tel que Monero[281], ou de certains outils, permettent d'accroitre l'anonymat des protagonistes de la transaction en bitcoin (Tor, VPN) en rendant compliqué la tâche du traçage[282].

Face à une telle situation, les autorités de poursuite sont démunies et ne peuvent que compter sur la chance, espérant que le criminel présumé commette une erreur, qui permettra de percer son anonymat ou que les échanges d'informations policières et judiciaires avec leurs homologues étrangers se révèlent productifs. Bien que la voie de l'entraide internationale constitue certainement

279 « La lutte contre le blanchiment des capitaux et le financement du terrorisme au sein des banques », *Les clés de la banque [en ligne].*

280 *Idem.*

281 DELEGATION MINISTERIELLE AUX INDUSTRIES DE SECURITE ET A LA LUTTE CONTRE LES CYBER MENACES, *État de la menace liée au numérique en 2019*, Rapport n°3, Paris, Ministère de l'Intérieur *[en ligne]*, p.70-80.

282 *Idem.*

l'un des instruments de lutte les plus efficaces de la répression de la criminalité en crypto-actif, elle est cependant souvent dépassée par la rapidité des transactions d'une juridiction à l'autre[283].

L'utilisation de crypto-actif présente donc un risque évident, qui pousse beaucoup d'États à interdire leur usage. Malgré cela, il faut relativiser en gardant à l'esprit que ce sont seulement 4% des transactions en crypto-actifs qui sont utilisées à des fins terroristes[284].

L'avènement et la vulgarisation de l'usage des crypto-actifs auprès des particuliers a créé de nombreuses difficultés sur le plan pénal. "Le fonctionnement du système de la blockchain est un sérieux frein à la poursuite pénale, favorisant l'impunité des criminels et exposant les lésés à des dommages irréversibles.[285]"

Ni le Togo, ni les autres pays membres de l'espace UMOA, ne sont épargnés par ce phénomène, même si la criminalité connue est encore limitée en raison de l'absence de connaissances en cryptographie, en mathématique et en codage informatique que requière ces types de cyberattaques[286].

---

283 GODEL (T.), et TRAGLIA (M.), « Cryptomonnaies, blockchains: problèmes pénaux choisis», *Plaidoyer [en ligne], op.cit.*, pp.28-34.

284 Il ressort des études menées par Tracfin que 350 déclarations de soupçon ont été reçues par l'organisme en 2017 contre 28 en 2014. (V. TRACFIN, *Tendances Et Analyse Des Risques De Blanchiment De Capitaux Et De Financement Du Terrorisme En 2017-2018*, *op.cit.*, p.55).

285 GODEL (T.) et TRAGLIA (M.), « Cryptomonnaies, blockchains: problèmes pénaux choisis», *Plaidoyer [en ligne], op.cit.*, pp.28-34.

286 *Idem.*

Conclusion

Aujourd'hui, les crypto-actifs et la technologie blockchain, se sont imposés dans nos sociétés et ce malgré l'inexistence d'un cadre règlementaire en vigueur. Une telle expansion oblige les États à prendre position afin de déterminer la stratégie à mettre en place pour encadrer ce phénomène.

Dans le cadre de ce travail de recherche nous avons proposé un plan d'encadrement, afin de permettre au législateur UMOA et aux pays membre de cet espace, d'éviter une utilisation anarchique et incontrôlable de ces « *ovnis juridiques* ». Bien entendu, un tel encadrement ne vaudrait que dans l'hypothèse où le législateur UMOA, déciderait de les adopter. Bien qu'encore hypothétique, le choix d'adopter les crypto-actifs, semble s'imposer au législateur UMOA, car il ne pourra pas indéfiniment les interdire. En tant que bien immatériels et virtuels, les interdire serait un euphémisme, dans la mesure où nos États n'ont aucun contrôle ni sur Internet ni sur les blockchains sur lesquels reposent ces crypto-actifs. Ils ne peuvent donc plus de contenter de les interdire sans prendre les mesures adéquates, au risque de se retrouver débordés et dans l'incapacité en cas de prolifération outrageuse de ceux-ci.

Toutefois, malgré la pertinence de cette recherche et la nécessité de mettre en place un encadrement de l'usage de ces crypto-actifs, il faut être réaliste en reconnaissant qu'au-delà du phénomène de mode, de crainte et d'intérêt que suscite les crypto actifs, un certain nombre d'éléments, inhérents à la technologie blockchain et aux crypto-actifs eux-mêmes, rendent impossible sa pleine adoption par les États, ce qui explique entre autres qu'à ce jour, aucunes des grandes puissances, ne se soit par exemple hasardée à adopter le bitcoin comme monnaie légale. En effet, la technologie blockchain et les crypto-actifs, présentent un certain nombre de défaillances, qui les rendent dangereuses et insuffisantes pour satisfaire les besoins des populations et des États. Ces défaillances peuvent être techniques mais aussi environnementaux.

Au niveau des défaillances techniques, on peut notamment parler du délai de traitement des transactions en crypto-actifs. En principe (dans un pays avec une bonne fibre Internet) une transaction en crypto-actifs excède au minimum dix minutes. Ce qui laisse supposer qu'il faut attendre environ une heure, pour qu'une transaction soit entièrement réalisée. Une telle lenteur, rend difficile l'usage du bitcoin, dans les situations les plus banales du quotidien, car il faudrait par exemple une heure pour payer une baguette de pain.

Ensuite, à cause du délai de traitement des transactions, le risque lié à la variation du taux de change est augmenté, car lorsque l'on transfère des dollars entre deux comptes, l'utilisateur 1 doit d'abord acheter des bitcoins à l'aide de dollars. Ensuite, il devra transférer ces bitcoins vers l'utilisateur 2, lequel devra à son tour les vendre afin de récupérer des dollars. Tout cela prend potentiellement plusieurs heures. Or, le cours du bitcoin fluctue énormément. Il est donc possible que durant ces heures le montant transféré ait bougé de 5 %, 10 % voire 20 % de sa valeur entre l'envoi et la réception. Cette variation du cours empêche le bitcoin de s'imposer comme une monnaie à part entière[287].

Mais le principal problème, du point de vue d'un État qui souhaite utiliser le bitcoin comme moyen de paiement,

---

287 BOULET (P.), « Consommation énergétique des technologies blockchain »,*EcoInfo [en ligne]*.

reste le nombre restreint de transactions que le réseau peut supporter. Chaque bloc étant limité à 2 000 transactions environ, la totalité du réseau Bitcoin ne peut traiter que 3 à 5 transactions par seconde[288]. En comparaison, la société Visa peut effectuer jusqu'à 70 000 opérations par seconde [289]. Concrètement, cela signifie qu'il y a finalement une liste d'attente pour les transactions[290].

Outre ces éléments, qui empêchent la pleine adoption des crypto-actifs, il faut rajouter les défaillances environnementales. D'après une étude menée par *Selectra*, on estime qu'environ 0,55% de la production électrique mondiale est consommée par l'usage du Bitcoin (et son minage)[291] et que l'impact écologique d'un seul bitcoin à 168,9 tonnes de CO2. Ce qui équivaut à l'empreinte carbone de près de 90 vols Paris vers New-York[292]faisant ainsi, du bitcoin s'il était un pays, le vingt-sixième plus gros consommateur en électricité[293].

De plus, selon une autre étude, celle du *Massachusetts Institute of Technology* et de la Deutsche Bank, la durée de vie limitée des processeurs conduit le réseau Bitcoin à générer 272 grammes de déchets électroniques par transaction, soit l'équivalent de 600 000 iPhones par

288PERLET (C.), « En Centre-Afrique, un mirage nommé Bitcoin», *afriquexxl [en ligne]*.

289*Idem.*

290*Idem.*

291 ADAN, *« Les protocoles blockchain et leur empreinte énergétique», ADAN [en ligne].*

292NORMAND (A.), « Cryptomonnaie et pollution : ce qu'il faut savoir», *Greenly [en ligne]*.

293 *Idem.*

jour [294] . De telles dépenses en énergie seraient insupportables pour un pays comme le Togo, dont les infrastructures électriques sont déjà insuffisantes pour assurer les besoins minimaux de la population.

Cette consommation élevée d'énergie est entre autres due à l'opération de minage qui permet le fonctionnement du système bitcoin/blockchain. Au cours de celle-ci, chaque mineur sélectionne un ensemble de transactions et les réunit dans un "bloc". Pour qu'un mineur puisse avoir le droit de proposer un bloc, il doit au préalable résoudre des problèmes mathématiques complexes [295] . C'est la résolution de ce problème mathématique qui nécessite le plus d'électricité. *De facto*, plus la demande de bitcoins sera forte, plus sa valeur augmentera, plus la complexité du problème sera relevée et plus il sera nécessaire de disposer d'ordinateurs de plus en plus puissants pour pouvoir résoudre ce problème[296].

Bien qu'au début du bitcoin, un simple ordinateur était suffisant pour sécuriser des transactions et créer de la crypto monnaie, l'engouement du bitcoin et la frénésie autour des crypto-actifs a poussé de nombreuses personnes d'une part, à achèter de puissants ordinateurs de minage, très gourmands en énergie, afin de pouvoir être compétitifs, et d'autre part, à s'industrialiser en investissant dans d'immenses fermes de minages. Ces dernières sont de grands entrepôts s'apparentant à des « *data centers* » et contenant des dizaines voire des centaines d'ordinateurs en activité sans interruption pour

---

294 BOULET (P.), « Consommation énergétique des technologies blockchain », *EcoInfo [en ligne]*, *op.cit.*

295 BONNEAUD (A.), «Blockchain : fonctionnement du minage en 7 étapes», *2ab&Associates [en ligne]*.

296*Idem.*

produire du bitcoin ou tout autre type de crypto-actif[297]. Cette industrialisation massive, va pousser les mineurs à chercher des pays où l'électricité est la moins chère, on retrouve entre autres des destinations telles que : la Russie, les États-Unis ou encore le Kazakhstan (qui a connu un gros essor suite à l'interdiction du minage en Chine.

Toutefois, cet exode, n'est pas sans conséquences environnementales car, les grandes quantités d'électricité produite par ces pays proviennent majoritairement d'énergies fossiles (ce qui la rend si abordable), qui sont les sources d'énergies les polluantes en termes d'émissions de gaz à effet de serre[298].Rajoutons à cette pollution qu'on pourrait qualifier de directe, le développement concomitant d'une pollution indirecte qui dérive du minage du bitcoin.

En effet, l'énergie consommée pour le minage de bitcoin n'est pas la seule source de pollution. Les fermes de minages sont elles aussi polluantes, par rapport à la grande quantité d'ordinateurs qu'elles utilisent. Afin d'obtenir toujours la meilleure rentabilité et pour faire face à la puissance de calcul nécessaire en constante augmentation, ces infrastructures s'équipent continuellement de composants informatiques de dernière génération. Ces composants, qui sont des puces informatiques, ont la particularité d'être optimisés spécialement pour le minage ce qui les rend obsolètes dès lors qu'ils sont remplacés. De plus, du fait de leur utilisation intensive et sans interruption, leur fréquence de

297DEFERT (V.), LEURENT (P.), « Reportage : le Texas, nouvel eldorado du minage de bitcoin », *France24 [en ligne]*.

298*Idem.*

remplacement est particulièrement rapide[299]. Selon une étude publiée fin 2021 de la banque centrale des Pays-Bas, en partenariat avec le MIT, les mineurs les remplacent en moyenne tous les 1,29 ans[300].Du fait de leurs absences d'utilités autre que le minage et de prise en charge par des filières de recyclage, ces déchets électroniques sont très polluants.

L'environnement étant un enjeu mondial, surtout avec l'avancement du réchauffement climatique, le problème et le défi énergétique que pose le bitcoin et les autres crypto-actifs, seront un frein majeur à son usage massif. Ce qui pourrait être un facteur de disparition ou du moins d'une baisse de l'engouement vis-à-vis de ces crypto-actifs, à moins qu'une solution de minage plus écologique et tout aussi économique ne soit trouvée. En attendant, il serait judicieux d'envisager un projet d'encadrement énergétique de l'usage de ces crypto-actifs.

---

299 DELAHAYE (J-P.), « Ne nions pas le problème électrique du Bitcoin », *Bitcoin.fr [en ligne].*

300 *Idem.*

BIBLIOGRAPHIE

OUVRAGES GÉNÉRAUX

- **BARRE (R.) et TEULON (F.)**, *Économie politique. Tome 2.* PUF, 1997.
- **BAUDRY-LACANTINERIE (G.)**, *Précis de droit civil*, Paris, Recueil Sirey, 13emeéd, 1922.
- **DE GAULLE (F.C.) et OULMONT (P.)**, *De Gaulle et la décolonisation de l'Afrique subsaharienne*, Paris, Éditions Karthala, 2014.
- **HAYEK (F.A)**, *Denationalisation of Money -The Argument Refined: An Analysis ofthe Theory and Practice of Concurrent Currencies*, Londres, The Institute Of Economic Affairs*]*, 3emeéd, 1990.
- **KENGUE MAYAMOU (P.), et BIDAN (M.)**, *Africa Positive Impact. Agir pour un meilleur impact sociétal*, Paris, EMS Éditions *[en ligne*], 2020.
- **LAVOISIER (A.)**, *Traité élémentaire de chimie*, Paris, Cuchet *[en ligne]* ,3eme éd., 1789.
- **LE SAOUT (E.)**, *Introduction aux Marchés Financiers*, Paris, ECONOMICA, 4èmeéd, 2013.

OUVRAGES SPÉCIALISÉS

- **BARBET-MASSIN (A.), FLEURET (F.), LOURMI (A.), O'RORKE (W.), et PION (C.)**, *Droit des Crypto-actifs et de la blockchain*, Paris, LexisNexis,2020.
- **LEGEAIS (D).,** *Blockchain et actifs numériques*, Paris, LexisNexis,2eme éd,2021.

▪ **OUEDRAOGO (O .)**, *Une monnaie unique pour toute l'Afrique de l'Ouest - le dossier économique*, Paris, Éditions KARTHALA, 2003.

THÈSES ET MÉMOIRES

▪ **BENKIRANE (R.),** *Le phénomène des Initial Coin Offerings, nouveau modèle financier?- Approche juridique des émissions de jetons numériques, [Mémoire non publié],*Université de Neuchâtel, décembre 2018.

▪ **BEZERRA CORRAL (D.)**, *L'encadrement des monnaies virtuelles [Mémoire non publié].*Paris, Université Paris I – Panthéon Sorbonne*[en ligne]* ,2015.

▪ **BOOS (R.),** *La lutte contre la cybercriminalité au regard de l'action des États*, Université de Lorraine, HAL open science *[en ligne]* ,2016.

▪ **JONCHERE (E.),** *Encadrement juridique des monnaies numériques : Bitcoin et autres Cryptomonnaies*, Université de Montréal *[en ligne]*, 2015.

▪ **KANJ (M.),** *L'apport en crypto-monnaie dans les sas l'exemple du bitcoin virtuelles [Mémoire non publié*], Lyon, Université Lumière Lyon 2,2018.

▪ **LIBCHABER (R.),** *Recherches sur la monnaie en droit privé*, LGDJ, coll. « Thèse Droit Privé», janvier 1992, tome 225.

▪ **PINTO HANIA (V.)**, *Les biens immatériels saisis par le droit des sûretés réelles mobilières conventionnelles*, Université Paris-Est, HAL thèses *[en ligne]*, Avril 2011.

▪ **ROUJOU DE BOUBÉE (M.-È.)**, Essai sur la notion de réparation, th. droit, LGDJ, «Bibliothèque de droit privé », t. 135, 1974.

▪ **ZAKI (M.A.),** *Le capital social dans les sociétés commerciales OHADA*, Éditions universitaires européennes, *MémoireOnline [en ligne]*, 2011, pp.40-56.

DICTIONNAIRES ET LEXIQUES

▪ **DEBONNEUIL (C.), et QUINIOU (M.),** *Glossaire Blockchain*, Paris, Les Éditions de l'Immatériel *[en ligne]*, 2019.

▪ **GUILLIEN (R.), GUINCHARD (S.), MONTAGNIER (G.), et VINCENT (J.)**, *Lexique des termes juridiques*, Paris, Dalloz, 15eme éd,2005.

▪ **KROON, (A. G.), et VONLANTHEN (P.)**, *Banking and Monetary Policy from the Perspective of Austrian Economics*. Springer Publishing, 1er éd, 2018.

▪ **LAROUSSE (C)**., Larousse de poche 2022, Dictionnaires LAROUSSE, Paris, 2021.

ARTICLES

▪ **ADAN**, *« Les protocoles blockchain et leur empreinte énergétique», ADAN [en ligne],* septembre 2021.

▪ **AHOULOUMA (F.B.), ALIPOE (P-P.), LAWSON (F.), et « Alii »,** Crypto-actifs vers une reconnaissance au sein de la CEMAC et de l'UEMOA? », *Labs-ns avocat [en ligne, Power Point],*2021, 30p.

▪ **ALERT.** « Alert – how you can be scammed by a method called SIM Splitting", *Actions [en ligne]*, mai 2014.

▪ **ASSEMAN (A.), et DUPONT (B.**), « Le vol interne d'informations : modéliser et mesurer les facteurs de risque », *Sécurité et stratégie [en ligne]*, vol. 5, no. 1, 2011, pp.5-16.

▪ **BAMDE (A.),** « Les classifications des biens », *A. Bamdé & J. Bourdoiseau [en ligne]*, 24 septembre 2021.

▪ **BANQUE DE FRANCE.** « L'émergence du bitcoin et autres crypto-actifs: enjeux, risques et perspectives », *Focus [en ligne]*, n°16, 2018,6p.

▪ **BANQUE DE FRANCE,** « Bulle spéculative », *banque-france.fr [en ligne]*, 2017.

▪ **BANQUE DE FRANCE**, « Le statut juridique de la monnaie unique », *Bulletin De La Banque De France [en ligne]*, n°18, Décembre 2022,174p.

▪ **BANQUE DE FRANCE**., « Biens divers : or, diamants, vin... », *Infoservice [en ligne]*, octobre 2021.

▪ **BANQUE HOTTINGUER.,** « Information Sur Les Risques – « Guide De L'investisseur », *banque – hottinguer [en ligne],* 2020,*10p.*

▪ **BCEAO., «** L'alphabet économique-Lexique des principaux termes économiques, monétaires et financiers usités par la BCEAO », *Bceao.Int [en ligne]* ,47p.

▪ **BERCY INFO,** « Crypto-monnaies, crypto-actifs... Comment s'y retrouver? », *economie.gouv [en ligne]*, avril 2022.

▪ **BEITONE (A.), et HEMDANE (E.),***«* Le bitcoin (BTC) est-il de la monnaie ? » , *Éloge des SES [en ligne]*, Janvier 2018

▪ **BELLANCA (F.), et VERBIEST (T.),** « Initial Coin Offerings (ICO) : l'inévitable régulation ? », *Revue Banque [en ligne],* n°817, janvier 2018.

▪ **BEUSCART (J.), DAGIRAL (É.), et PARASIE (S.)**, *Sociologie d'internet, «* Cursus » *[en ligne]*, 2019.

▪ **BONNEAUD (A.),** «Blockchain : fonctionnement du minage en 7 étapes », *2ab&Associates [en ligne]*, mai 2019.

▪ **BOUCHAUD (B.)**, « Le bitcoin franchit un nouveau record à plus de 66.000 dollars. », *Les Echos[en ligne]*, 20 octobre 2021.

▪ **BOULET (P.),** « Consommation énergétique des technologies blockchain », *EcoInfo [en ligne]*, novembre 2021.

▪ **BOURGIGNON (S.),** «Token, altcoin, cryptomonnaie, quelles différences ? », *Les Echos Solutions [en ligne].*

▪ **BUSSAC (É.),** « 2. L'écosystème des cryptomonnaies », *Bitcoin, ether & Cie. Guide pratique pour comprendre, anticiper et investir 2019*, Paris, Dunod, « Hors collection », 2018, p. 10-56.

▪ **BUTLER (E.), et MURRAY (S.),** « cryptocurrency - is it recognised as "property" under english law? », *STEVEN & BOLTON [en ligne]*, juin 2020.

▪ **CAILLE (A.), MOREAU DE BELLAING (L.), et ROSPABE (P.),** « La dette de vie. Aux origines de la monnaie », *L'Homme et la société [en ligne]*, N. 125, 1997, pp. 138-139.)

▪ **CAPDEVILLE (J.L.),** « La qualification juridique des contrats de prêt de Bitcoin est celle de prêt de consommation », *Quotidien [en ligne]*, mars 2020.

▪ **CHILDS (I.), GAN (J.), TANG (L.), et LEI TAN (Y.),** « Cryptocurrency fraud – Remedies – Cryptocurrency as property », *Stephenson Harwood LLP[en ligne],* novembre 2021.

▪ **CHUKWUDI (O.), KOFOWOROLA (T.), CHIZOTAM (A.), et TIMIEBI (E.), «** The Virtual Currency Regulation Review: Nigeria. », *The Law Reviews [en ligne],* Septembre 2021.

▪ **COURBIS (B.), FROMENT (E.), SERVET (J-M.),** « A propos du concept de monnaie », *Cahiers d'économie politique[en ligne],* n°18, 1990, pp. 5-29.

▪ **CUSIN (F.),** « Sociologie de l'argent, D. de Blic, J. Lazarus », *Sociologie du travail [en ligne]*, Vol. 50, n° 4, 20 novembre 2008, pp.568-570.

▪ **DA SILVA (J.),** « Prêter et emprunter en bitcoin : le crédit P2P », *Ekonomia [en ligne].*

▪ **DE BRUNHOFF (S.), «** La gestion étatique de la monnaie », *État et Capital. Recherches sur la politique économique [en ligne],* 1981, p. 31-50

▪ **DEFERT (V.), et LEURENT (P.),** «Reportage : le Texas, nouvel eldorado du minage de bitcoin », *France24 (en ligne),* mai 2022.

▪ **DELAHAYE (J-P.),** « Ne nions pas le problème électrique du Bitcoin », *Bitcoin.fr [en ligne],* décembre 2019.

▪ **DE VAUPLANE (H.), et CAZAILLET (S.)**, « Bitcoin : money, money, money », *La lettre juridique [en ligne]*, 17 avril 2014, n° 567, p. 1-13.

▪ **DE VAUPLANE (H.)**, « L'analyse juridique du bitcoin », *Association d'Économie Financière [en ligne]*, 5 juillet 2014, pp.351-361.

▪ **DREAN (G.)**, « Les cybermonnaies après le libra », *La jaune & La rouge [en ligne]*. Avril 2020.

▪ **DRUMMOND (F.)**, « Bitcoin du service de paiement au service d'investissement », *Bull.Joly Bourse [en ligne]*, n°5, 2014, p.249.

▪ **DUHOT (A.), et TAILFER (A.)**, « Les applications de la blockchain, la fiscalité et l'administration fiscale. », *Village de Justice [en ligne]*, mars 2022.

▪ **FI.**, « Premier bilan positif pour le Joint Chiefs of Global Tax Enforcement », *Finance et Investissement [en ligne]*, juin 2019.

▪ **FINANCE INVESTISSEMENT**, « Le bitcoin comme monnaie légale, une mauvaise idée selon le FMI. », *Finance et Investissement [en ligne]*, février 2022.

▪ **FRANKENFIELD (J.)**, « Crypto Commodity», *Investopedia [en ligne]*, mai 2022.

▪ **GENSOLLEN (M.)**, « La création de valeur sur Internet », *Réseaux. Communication - Technologie – Société [en ligne]*, n°97, Année 1999, pp. 15-76.

▪ **GODEL (T.), TRAGLIA (M.)**, « Cryptomonnaies, blockchains: problèmes pénaux choisis», *Plaidoyer [en ligne]*, n°4, août 2019, pp.28-34.

▪ **GOUX (J-JO.),** « Cash, check or charge ? », *Communications [en ligne]*, Vol50, N°1. 22 août 1989, pp.7-22.

▪ **GUIADER (F.), LE GUEN (J.), et LUCCHESI (M.),** « Les bitcoins, des biens fongibles et consomptibles selon la jurisprudence française », *GIDE LOYERETTE NOUEL [en ligne]*, mars 2020.

▪ **GUINDO (I.),** « Les clauses protectrices du contrat d'investissement. », *Village de la justice [en ligne]*,7 juin 2021.

▪ **JOUVE (K.),** « De l'e-gold à Bitcoin : zoom sur les projets en Or qui ont inspiré la Cryptomonnaie du Siècle », *Cointribute [en ligne]* ,2020.

▪ **KAPKO (F. E),** « Cryptomonnaie : le Togo en tête de la finance décentralisée en Afrique (Chainalysis) », *Agence Ecofin [en ligne]*, 14 septembre 2021.

▪ **KESHISHIAN (H.),** « Initial Coin Offering (ICO) : selon la SEC l'émission de Tokens peut être soumise à la règlementation financière », *LinkedIn [en ligne] , août 2017.*

▪ **LAKOMSKI-LAGUERRE (O.), et DESMEDT (L.),** « L'alternative monétaire Bitcoin : une perspective institutionnaliste », *Revue de la régulation [en ligne]*, n°8, 2015, pp.30-50.

▪ **LAROUSSE (A.),** « Définitions : peer-to-peer, peer to peer - Dictionnaire de français Larousse », *LAROUSSE.fr [en ligne].*

▪ **LA TRIBUNE.FR,** « Bitcoin : qui est le « Frenchie » Mark Karpelès, patron de MtGox? », *La Tribune [en ligne]*, 28 février 2010.

▪ **LAUNAY (V.),** « Questions autour de la nature juridique des crypto-actifs », *Central Charts [en ligne]*, février 2019

▪ **LEGROS (B.)**, « Périlleuse technolâtrie.», *Kairos [en ligne]*, N°19, 08 Avril 2015.

▪ **LELART (M.)**, « L'Union monétaire en Afrique de l'Ouest », *L'Économie politique [en ligne]*, vol. no 19, no. 3, 2003, pp. 106-112.

▪ **LELIEVRE (A.)**, « Une plateforme de minage de bitcoins piratée, butin de 64 millions de dollars. », *Les Echos [en ligne]*,7 décembre 2017,

▪ **LHOFT**, *A Guide Through the Common Features of Digital Asset Generating Events,* Luxembourg, *Fondation Lhoft [en ligne]*, Septembre 2017, 38p.

▪ **LIPUCCIU**, Satoshi Nakamoto, Le Père Fondateur De Bitcoin, *Journal du Coin [en ligne]*, 2022.

▪ **LUCAS (E.)**, « Le test de howey : l'outil de régulation de la sec américaine », *Journal du Coin [en ligne]*,06 octobre 2017.

▪ **LUZON (S.)**, « Quels sont les différents types de jetons cryptographiques ? », *Vivid [en ligne]* ,2014.

▪ **MACHEFERT (S.), POULLE (J-B.)**, « Quelles régulations pour les produits d'épargnes atypiques ? », *La semaine juridique-Entreprise et affaires [en ligne]*, n°27, juillet 2014, pp.30-34.

▪ **MARIAN (O.)**, «Are Cryptocurrencies 'Super' Tax Havens? », *Michigan Law Review [en ligne]*, Vol.112, n°38, 2013, 38p.

▪ **MEIXING (D.), et SIDIROPOULOS (M.)**, « Le bitcoin est-il une monnaie ? », *Bulletin de l'Observatoire des Politiques Économiques en Europe [en ligne]*, vol. 37, 5 - 12, 2017,8p.

▪ **MICHAUD (P.)**, « Établissement stable virtuel ET numérique : Ou allons-nous ? », *Études fiscales internationales [en ligne]*, mars 2013,19p.

▪ **MIGNON (V.), et MÜLLER (V.),** « La qualification juridique des tokens: aspects réglementaires », *GesKR[en ligne]*, n°4, 2017, pp.486-494

▪ **NIGERIAN SECURITY AND EXCHANGE COMMISSION., «** Regulation of cryptocurrency and digital assets in Nigeria», *Aelex [en ligne],* juillet 2020, 9p.

▪ **NORMAND (A.),** « Cryptomonnaie et pollution : ce qu'il faut savoir», *Greenly (en ligne)*,mai 2022.

▪ **NOUVION (F.), «** Les valeurs mobilières composées et valeurs mobilières subordonnées », *Penant : Revue trimestrielle de droit africain [en ligne],* N°887, Avril 2014, p. 221-243.

▪ **OMBOLO MENOGA (P.E.),** Lexique de droit bancaire : principales définitions en Droit et Économie Bancaires, *Association lumière du droit/ VAI JURI [en ligne],* 2016.

▪ **PAILER (P.),** « La fiscalité des crypto-actifs et des ICO », *Revue Internationale des services financiers [en ligne],* n°2018/3, décembre 2018,14p.

▪ **PARISIEN (L.),** « 1988–2008 : les dix plus grands scandales financiers », *leparisien.fr[en ligne]* ,15 avril 2020

▪ **PERLET (C.),** « En Centre-Afrique, un mirage nommé Bitcoin»,*afriquexxl [en ligne],* juin 2022.

▪ **PERRIN (A.), «** Le bitcoin et le droit : problématiques de qualification, enjeux de régulation », *Gestion & Finances Publiques[en ligne],* vol. 1, no. 1, 2019, pp. 84-93.

- **PRUSSEN (Y.),** « Le Régime Des Titres Et Instruments Fongibles », *Droit bancaire et financier au Luxembourg [en ligne]*, vol. 3, 2004, pp. 1287-1318.
- **POURTIER (R.)**, « AFRIQUE (Structure et milieu)-Géographie générale », *Encyclopædia Universalis [en ligne].*
- **PUEL (S.),** « Le FinCEN américain précise le champ d'application des règles applicables en matière de lutte anti-blanchiment pour les activités impliquant des monnaies virtuelles convertibles », *Gide Loyrette Nouel [en ligne]*, mai 2019.
- **REUTERS (S.)**, « "FinCEN Files"-Les banques mondiales mises en cause dans la circulation d'argent sale-presse », *Reuters [en ligne]*, septembre 2020.
- **ROUSSEAU (S.),** « La règlementation des émissions de crypto monnaies (ICOs) au Canada : la protection des Investisseurs et le bon fonctionnement du marché dans le bac à sable règlementaire. », *Revue internationale des services financiers [en ligne]*, Vol.2018, n°1, 2018,15-22p.
- **ROUSSILLE (M.),** « Dossier Bitcoin : Le bitcoin : objet juridique non identifié », Banque & Droit *[en ligne]*, n° 159, janvier-février 2015, pp.27-32.
- **SADOWSKY (M).,** « La fiscalité directe des crypto-monnaies en droit comparé »,*Revue Internationale des services financiers*,n°3, décembre 2018,p.33-45.
- **SANOU (D.),** « Protection des consommateurs de l'UEMOA : les initiatives nationales », *Financial Afrik [en ligne]*, mars 2019.

▪ **SAINT MARC (M.),** «Tests sur les définitions de la monnaie et de la quasi-monnaie en France (1810-1970).», *Revue d'économie Politique [en ligne],* vol. 85, no. 4, 1975, pp. 657–672.

▪ **SARAH (M.),** « Prêt entre particuliers, prêt familial, P2P, crowdlending, contrat de prêt, reconnaissance de dette, prêt personnel, crédit entre particuliers, injonction de payer », *Litige.fr[en ligne],* septembre 2021

▪ **SIDIROPOULOS (M.),** « Dans quel sens le bitcoin est une monnaie ? », *Ermees [en ligne],* Juillet 2017.

▪ **SIMLER (P.),** « Introduction. Les biens, les choses, les droits, le patrimoine », *Les biens [en ligne],* 2018, p. 5-15.

▪ **TAHIRKHELI (W.),** « Crypto Assets as Property », *Eldwicklaw [en ligne], Juin 2022.*

▪ **TELLER (M.),** « Aspects juridiques des monnaies locales »*, Revue de droit bancaire et financier [en ligne],* n°35, 2019,19p

▪ **TOURE (A.),** La cybercriminalité dans les législations communautaires intégrées en Afrique, *OHADA [en ligne], septembre* 2013,26p.

▪ **TOUSTOU (E.),** « Crypto-monnaies Faut-il privilégier les plateformes régulées pour investir ? », *Quechoisir [en ligne],* juin 2021.

▪ **TRINNOU (G.M.)**, « Les crypto-monnaies : Quel enjeux pour les Banques Centrales», *Les Précis du COFEB [en ligne]*, n°20, novembre 202, p.11.

▪ **TRUJILLO (E.), «** Cryptomonnaies : le Japon sanctionne Coincheck après le plus gros « braquage virtuel ». *LEFIGARO [en ligne]* ,16 février 2018.

▪ **WADE (A.),** « Tiemoko Meyliet Koné, gouverneur de la BCEAO : « le Bitcoin ? Non merci»»», *Financial Afrik [en ligne]*, mars 2018.

▪ **YIN (F.)**, « Notice on Precautions Against the Risks of Bitcoins », *Banque de Chine [en ligne]*, n°289, décembre 2013.

Rapports et autres documents

▪ **COMMISSION GENERALE DE TERMINOLOGIE ET DE NEOLOGIE.**, Vocabulaire de l'économie et des finances, p.271.

▪ **DELEGATION MINISTERIELLE AUX INDUSTRIES DE SECURITE ET A LA LUTTE CONTRE LES CYBER MENACES,** *État de la menace liée au numérique en 2019*, Rapport n°3, Paris, Ministère de l'Intérieur *[en ligne]*, Mai 2019.

▪ **EZRATTY (O.)**, *Rapport du CES 2020*, CES *[en ligne]* ,15eme et dernière édition, Janvier 2020.

▪ **KOUTCHOUK (A.) et MARTIN (J.),** *Rapport de la mission sur la réalité virtuelle et la réalité augmentée*, Paris, *Ministère de la culture.fr[en ligne]*, Juin 2020.

▪ **LANDAU (J-P.),** *LES CRYPTOMONNAIES : Rapport au Ministre de l'Économie et des Finances,* Paris, *Ministère de l'économie et des finances.fr [en ligne]* ,4 juillet 2018,107p.

▪ **OCDE**. *Fiscalité des monnaies virtuelles : Panorama des traitements fiscaux et des sujets émergents de politique fiscale*, Paris, OCDE *[en ligne]*.

▪ *Recommandations du GAFI - Normes internationales sur la lutte contre le blanchiment de capitaux et le financement du terrorisme et de la prolifération,* Paris, GAFI *[en ligne]*, mise à jour octobre 2016.

▪ **TRACFIN**, *Tendances Et Analyse Des Risques De Blanchiment De Capitaux Et De Financement Du Terrorisme En 2017-2018*, Paris, Ministere de l'Actions et des comptes publics *[en ligne]* ,26 octobre 2020.

TEXTES COMMUNAUTAIRES, LÉGISLATIFS ET RÉGLEMENTAIRES

- FRANÇAIS
- Code civil.
- Code de la consommation.
- Code Monétaire et financier.
- Décret n° 2019-656 du 27 juin 2019 relatif aux obligations déclaratives incombant aux redevables personnes physiques réalisant, directement ou par personnes interposées, à titre occasionnel, des cessions d'actifs numériques en application du B du V de l'article 150 VH bis du code général des impôts ainsi qu'aux détenteurs de comptes d'actifs numériques ouverts dans des établissements situés à l'étranger en application du dernier alinéa de l'article 1649 bis C du code général des impôts.
- Directive sur la commercialisation à distance de services financiers auprès des consommateurs de 2002.

- Directive de 2005 relative aux pratiques commerciales déloyales des entreprises vis-à-vis des consommateurs dans le marché intérieur.
- Directive 2009/110/CE.
- Loi n°2016-412 du 15 juin 2016 relative à la consommation.
- Plan comptable général français.

- ESPACE CEDEAO

- Directive du 19 août 2011 de la CEDEAO portant sur la cybercriminalité.
- Directive de la CEDEAO du 19 août 2021.

- ESPACE CEMAC/CEEAC

- Projet de loi type CEMAC/CEEAC sur la cybercriminalité.

- ESPACE OHADA

Acte uniforme Relatif au Droit des Sociétés Commerciales et Groupements d'intérêt économique (AUSCGIE).

- ESPACE UEMOA

- Loi uniforme n° 2018 - 004 du 04 /05/2018 relative à la lutte contre le blanchiment de capitaux et le financement du terrorisme dans les États membres de l'union monétaire ouest africaine (UEMOA).

- Règlement n°15/2002/CM/UEMOA relatif aux systèmes de paiement dans les États membres de l'UEMOA.

- ESPCACE UMOA

- Instruction n°008-05-2015 régissant les conditions et modalités d'exercice des activités des émetteurs de monnaie électronique dans les états membres de l'union monétaire ouest africaine (UMOA).
- Traite De L'union Monétaire Ouest Africaine du 10 janvier 1994, révisée le 29 janvier 2003.

- TEXTES NATIONAUX

- Code pénal togolais.
- Loi du 9 décembre 2018 sur la cyber sécurité et la lutte contre la cybercriminalité.
- Loi sur la consommation en Côte d'Ivoire.
- Décret d'application de la Loi sur la consommation au Mali.

JURISPRUDENCES

- JURISPRUDENCES FRANÇAISES/EUROPEENNES

- T. com. Nanterre, 26 février 2020, n° 2018F00466.
- CE, 28 avril 2018,n°417809.

- CJUE, 22 octobre 2015,n°C-264/14.
- CJUE 3 oct. 2019, n°C-208/18.

• JURISPRUDENCES INTERNATIONALES

- British Virgin Islands – *Joint Liquidators of Torque Group Holdings Limited (In Liquidation) v Torque Group Holdings Limited (In Liquidation)* BVIHC (COM) 0031 of 2021 (2 July 2021).
- ROBERTSON V PERSONS UNKNOWN (2019) Unreported High Court Moulder J Cl-2019-000444.
- New Zealand – *David Ian Ruscoe* and *Malcolm Russell Moore v Cryptopia Limited (In Liquidation)* [2020] NZHC 728 (8 April 2020).
- SEC v. W.J. Howey Co., 328 U.S. 293 (1946).
- Singapore – Quoine Pte Ltd v B2C2 Ltd [2019] SGHC (I) 03 (14 March 2019); Quoine Pte Ltd v B2C2 Ltd [2020] SGCA(I) 02 (24 February 2020).
- United Kingdom – *Aa v Persons Unknown* [2019] EWHC 3556 (Comm) (17 January 2020).

WEBOGRAPHIE

- www.cairn.info
- www.cointribune.com

- https://www.economie.gouv.fr
- https://www.coinfirm.com
- https://www.gartner.com
- https://www.bitpanda.com
- https://www.cryptoencyclopedie.com
- https://www.fincen.gov
- https://academy.binance.com/fr/
- https://blockchainfrance.net
- https://bitcoin.fr/le-vocabulaire-du-crypto-trader/
- https://www.cisco.com/c/en/us/products/security/email-security/what-is-phishing.html
- https://www.lesclesdelabanque.com
- https://www.journaldunet.fr
- https://academy.bit2me.com/fr/
- www.investopedia.com
- https://journalducoin.com
- www.lajauneetlarouge.com
- www.legifrance.gouv.fr
- www.revue-banque.fr
- https://www.academie-francaise.fr
- www.oecd.org
- https://www.compufirst.com
- https://www.otr.tg

TABLE DES MATIÈRES

Structures éditoriales du groupe L'Harmattan

L'Harmattan Italie
Via degli Artisti, 15
10124 Torino
harmattan.italia@gmail.com

L'Harmattan Hongrie
Kossuth l. u. 14-16.
1053 Budapest
harmattan@harmattan.hu

L'Harmattan Sénégal
10 VDN SICAP AMITIE 3
BP 45034 Dakar-Fann
direction@senharmattan.com

L'Harmattan Cameroun
Tsinga/Derrière polyclinique FECAFOOT
BP 11486 Yaoundé
Jacques.koukam@harmattan.fr

L'Harmattan Burkina Faso
Villa 281, secteur 23 623, rue 14.32
Ouagadougou
zagbie@outlook.fr

L'Harmattan Guinée
Almamya, rue KA 028 OKB Agency
BP 3470 Conakry
harmattanguinee@yahoo.fr

L'Harmattan RDC
185, avenue Nyangwe
Commune de Lingwala – Kinshasa
matangilamusadila@yahoo.fr

L'Harmattan Congo
219, avenue Nelson Mandela
BP 2874 Brazzaville
deunovmikhael@gmail.com

L'Harmattan Mali
Immeuble Mgr Jean Marie Cissé
Aci Hamadallaye
BP 145 Bamako
syllaka@yahoo.fr

L'Harmattan Togo
Djidjole – Maison Amela
face EPP BATOME
02 BP 20680 Lomé
didieramela11@gmail.com

L'Harmattan Côte d'Ivoire
Résidence Karl – Cité des Arts
Abidjan-Cocody
03 BP 1588 Abidjan
harmattan.ivoire@gmail.com

L'Harmattan Bénin
Rue 604, (Immeuble à l'entrée
de la rue UCAO- Cite de Saint-Jean)
Cotonou
stepcorpus@gmail.com

Nos librairies en France

Librairie internationale
16, rue des Écoles
75005 Paris
librairie.internationale@harmattan.fr
01 40 46 79 11
www.librairieharmattan.com

Librairie des savoirs
21, rue des Écoles
75005 Paris
librairie.sh@harmattan.fr
01 46 34 13 71
www.librairieharmattansh.com

www.ingramcontent.com/pod-product-compliance
Lightning Source LLC
LaVergne TN
LVHW021217061026
849535LV00008B/2782